ARCHE NOAH

Die Arche treibt durch die Jahrhunderte...
... ein Mythos im Wandel der Zeit

Herausgeber:
Schweizer Kindermuseum Baden
1992

IMPRESSUM

Sammlung:
Sonja und Roger Kaysel

Ausstellungs- und Katalogkonzept,
Text und Fotos:
Roger Kaysel

Übersetzungen:
E Sarah Batschelet
F Claude Patry
I Alfeo Tavernini

Druck:
Wanner Druck AG, Baden

Lithos:
Foto-Litho Baumann, Zürich

Titel:
«Arche Noah»

Autor:
Roger Kaysel

© 1992
Schweizer Kindermuseum Baden

ISBN-Nr.: 3-9520230-0-0

Titelbild:
Arche Noah, Holz, Erzgebirge,
um 1870 – 1880: 96 Tierpaare und
vier Menschenpaare: Schiffsarche
H 33 cm, L 58 cm

Rückseite:
Arche Noah. Scherenschnitt von
Daniel Kaysel, 1985

SPONSOREN

Stadt Baden
Badener Tagblatt
M. Baumann, Zürich
Carlit AG, Würenlos
Globus Warenhäuser, Zürich
Kuratorium, Kanton Aargau
Kulturdepartement, Kanton Aargau
Migros-Genossenschafts-Bund, Zürich
Schweizerischer Bankverein, Baden
Wanner Druck, Baden

Das Schweizer Kindermuseum Baden
dankt für die finanzielle Mithilfe.

INHALTSVERZEICHNIS

Vorwort	4/5	MEINUNGEN	
Noah und seine Arche		Tiernutz – Tierschutz	72
– Der Auftrag	10	H.P. Haering	
– Die Arche	12	Schweizer Tierschutz, Basel	
– Die Fracht	14	Wenn Vögel sprechen könnten…	74
– Die Flut	16	Patrik Gossweiler	
Die Arche in der Kunst		Schweizerische Vogelwarte, Sempach	
– Mittelalter	20		
– Neuzeit	22	Der Zoo als moderne Arche Noah	76
Die Arche in der Volkskunst		Dr. Christian R. Schmidt	
– Volkskunst	26	Zoo Zürich	
– Populäre Druckgrafik	28	Umwelterziehung	78
– Kunstgewerbe	30	Peter Uhr	
– Katechese	32	WWF, Zürich	
Die Arche im Kinderzimmer		Und Frau Noah?	80
– Spielzeug-Archen	36	Dr. Regine Schindler, Bern	
– Bilderbücher	40	Theologin und Kinderbuchautorin	
– Arche Noah-Spiele	44		
– Noah aus Kindersicht	48		
Arche «Nova»			
– Gegenwartskunst	52		
– Karikaturen	54		
– Literatur und Theater	56		
– Werbung mit Noah	58		
Im Geiste Noahs			
– Acclimatation	62		
– Tierschutz	64		
– Jugendtierschutz	66		
– Mensch und Umwelt	68		

VORWORT

Überschwemmungen lassen uns Ohnmacht gegenüber entfesselten Naturgewalten spüren. Solche Katastrophen haben die menschlichen Vorstellungen von göttlichen Mächten mitgeformt und Ausdruck in Mythen – Erzählung der geheimnisvollen Beziehung zwischen dem Menschen und dem Göttlichen – gefunden. Durch Jahrtausende übertrugen sich die Mythen mündlich, mit dem Hauch der «Beseelung» (animare) und dem Feuer der «Begeisterung». Mittels der Schrift – die Sumerer gelten als ihre Erfinder – konnten Überlieferungen freigestellt und deponiert werden. Vor etwa 4000 Jahren wurde das Gilgamesch-Epos in Keilschrift auf Tontafeln notiert. Der Arche-Mythos, auf der Tafel mit dem elften Gesang, gehört somit zu den ältesten Schriftdokumenten. Im Zuge der Machtverlagerungen und der Erneuerung von Weltanschauungen haben sich die Völker zeitweise ihrer Mythen entfremdet. Doch haben einige «Archetypen» überlebt. So Utnapishtim bei den Sumerern, Deukalion bei den Griechen und Noah bei den Hebräern und Christen: ihr Schicksal birgt ja das Überleben in sich. Symbolisch gestattet die Arche eine mehrfache Deutung – sie ist Schutz- und Überlebensraum, sie ist Kirche, sie ist ein Behältnis für Tierverständnis und ist auch Symbol für das weibliche Element, hergeleitet von der Mondsichel, von Schale und Schiff.

Unsere Ausstellung soll Spuren Noahs durch die Epochen erfassen und kaleidoskopartig widerspiegeln. Das Mensch–Tier-Verhältnis ist uns dabei wichtig. Der Arche-Mythos steht exemplarisch für den in der Volkskunde bekannten Terminus: «gesunkenes Kulturgut», wobei wir hier den Begriff zu «verlagertem Kulturgut» modifizieren. Die Arche treibt durch die Jahrhunderte und findet vielfältigsten Ausdruck: Im Mittelalter in den grossartigen Kunstwerken, in den geweihten Stätten des Christentums, während der Säkularisation in der «privaten Sphäre», als Volkskunstmotiv auf Alltagsgegenständen. Von da gleitet sie im 19. Jahrhundert, als Aufstellspielzeug und Bilderbuch, ins bürgerliche Kinderzimmer und taucht in unseren Tagen, als Mahnmotiv für die in grellem Licht erscheinenden Umweltschäden, im Erwachsenenbewusstsein jäh wieder auf…

PRÉFACE

Les inondations nous font pressentir notre impuissance vis-à-vis des forces déchaînées de la nature. De pareilles catastrophes ont animé l'imagination de l'homme qui s'est inspirée des puissances divines, et ont trouvé leur expression dans les mythes – contes des relations mystérieuses entre l'être humain et l'être divin. Durant les millénaires, les mythes se transmettaient oralement par un vrai souffle d'âme et une ardeur d'enthousiasme. Grâce à l'écriture – les Sumériens en seraient les inventeurs – la foi et le savoir ont pu être libérés et en même temps notés. Il y a environ 4000 ans, l'épopée de Gilgamesh a été marquée en caractère cunéiformes sur des tablettes d'argile. Ainsi le mythe de l'Arche, inscrit sur la tablette avec le onzième chant, est un des documents écrits des plus anciens. Au cours des changements de pouvoir et du renouvellement des visions du monde, les peuples se sont parfois aliénés leurs mythes. Mais quelques-uns des «archétypes» ont survécu, comme Utnapishtim chez les Sumériens, Deucalion chez les Grecques et Noé chez les Hébreux et les Chrétiens; leur destin décèle justement en eux-mêmes la survie. Symboliquement parlant, l'Arche permet une interprétation multiple – elle représente un lieu de protection et de survie, elle est église et repère pour la compréhension de l'animal et elle représente également un symbole de l'élément féminin dérivé du croissant de lune, de la coque et du bateau.

Notre exposition veut, à travers les traces de Noé, toucher les différentes époques et les refléter à la manière d'un kaléidoscope. La relation homme-animal nous est importante dans ce contexte. Le mythe de l'Arche répond d'une manière exemplaire au terme connu dans la culture populaire, nommé «bien culturel englouti», à l'occasion duquel nous modifions le terme en «bien culturel déplacé». Aux gré des vents, l'Arche traverse les siècles et trouve des expressions les plus variées: au Moyen-Âge dans les grandes œuvres d'art, dans les lieux sacrés des communautés chrétiennes, pendant la sécularisation dans la «sphère privée», comme motif d'art populaire sur des objets du quotidien. A partir de là, elle passe au XIXème siècle au jouet à dresser ainsi que dans les livres d'images et de là dans la chambre d'enfants de l'époque bourgeoise et réapparaît de nos jours comme avertissement lors de nuisances à l'environnement, éveillant notre conscience d'adulte en un éclair soudain…

PREFAZIONE

Una disastrosa alluvione mostra all'uomo tutta la sua impotenza di fronte alle forze scatenate della natura. Tali catastrofici eventi hanno originato nella mente umana l'idea della potenza divina, dando vita ai miti sulla misteriosa relazione tra divinità e uomo. Per millenni i racconti mitologici, animati da un fervido soffio vitale, furono tramandati oralmente. Grazie alla scrittura di cui i Sumeri sono considerati ideatori, i miti e il sapere poterono venir trasmessi più facilmente e fedelmente. Circa 4000 anni fa l'Epopea di Gilgamesh fu incisa a caratteri cuneiformi su tavolette di argilla. Il mito dell'arca, riportato nell'undicesimo canto, è perciò una delle più antiche tradizioni fissate per iscritto. Col mutamento dei valori e della concezione del mondo, i popoli per un certo periodo si allontanarono dalle loro credenze soprannaturali. Alcuni archetipi sono però sopravvissuti, tra questi Utnapishtim presso i Sumeri, Deucalione presso i Greci e Noè pressi gli Ebrei e i Cristiani, che celano l'anelito alla sopravvivenza. Il simbolo dell'arca dà adito a più interpretazioni; è luogo di protezione e sopravvivenza, è chiesa, è riparo per gli animali, è anche simbolo dell'elemento femminile, ispirato dalla falce di luna, dalla coppa, dalla barca.

La nostra esposizione vuole scoprire le orme di Noè nelle diverse epoche, proponendole nelle loro diverse sfaccettature. Il rapporto uomo–animale è qui di fondamentale importanza. Il mito dell'arca esprime in maniera esemplare il concetto noto in campo etnologico come «patrimonio culturale sommerso» sostituito in questo contesto da «patrimonio culturale trasferito». L'arca naviga attraverso i secoli, trovando molteplici espressioni: negli stupendi capolavori che nel medioevo impreziosirono i luoghi sacri delle comunità cristiane e, in ambito secolare, come motivo popolare su oggetti di uso comune nella sfera del privato. Nel XIX secolo scivola fino nelle camere dei bambini del ceto borghese, come giocattolo e motivo per libri illustrati, emergendo oggi violentemente nella nostra coscienza, mostrandoci in tutta la loro tragica evidenza le ferite inferte all'ambiente naturale.

FOREWORD

Deluges impress upon us how utterly helpless we are in the face of Nature's unleashed forces. Such catastrophes helped shaped man's view of the gods' powers and found expression in mythology, the tales of mysterious relationships between mortals and the deities. Myths were passed down by word of mouth over thousands of years with both "the breath of life" (animare) and the "sacred flame." The ancient Sumerians are credited with the invention of writing that helped preserve and spread religion and knowledge. Some 4,000 years ago, the Epic of Gilgamesh was written on clay slabs in cuneiform characters. The myth of the ark, on the slab of the eleventh song, counts among the oldest of all written documents. As power shifted and ideology changed, some cultures drifted away from their myths from time to time. Nevertheless, some "archetypes" survived. Among them were Utnapishtim to the Sumerians, Deucalion to the Greeks, and Noah to the Hebrews and Christians. Indeed, those destinies were the tales of survival itself. Symbolically, the ark lends itself to multiple interpretations. It is shelter and safeguard for survival, it is church, a container for animals which allows a better understanding of them. Further, it is a symbol of the female element as derived from the crescent moon, bowl and ship.

Our exhibition follows Noah through the ages and reveals his traces in a kaleidoscope of images. We emphasize the relationship of man to animal. While the Noah myth exemplifies "sunken cultural treasure" as the expression is used in ethnology, we would modify the term to "transposed cultural treasure" here. The ark makes its way through the centuries and finds great diversity of expression. It takes a place in the monumental works of medieval art and in Christian places of worship. In the period of secularization, it enters the "private sphere" as a folk art motif on utilitarian objects. From there, the ark glides into the nineteenth century as a construction toy and picture book in the children's room of the bourgeois home. In our own day, the ark surfaces once again, this time in the adult conscience as an admonishment for a host of hot environmental issues.

...ipso a memorantur
a Cain fabricata

Mare Rubrum

MONS

Ex monte Libano ligna
arina pro Arca fabrica

Damascus

SUR Desertum olim
ante Diluvium fœcundissima
postea limo lapidoso op-
pleta

Hebron

E D E N I A

Caucas

CHUS

Locus fabricatio-
nis Arcæ

ÆTHIOPIA

ORIENTALIS

post

Ligna pro
Arcæ fabrica

Fons
Euphrat

Mon

DILUVIUM

M E S O -

Cain
Abel

P O T A M I A

Fons
Tigris

tes

Euphrates fluv.

Tigris fluv.

IBERIA

Sinus
Per-
si-
cus

BA- Putei
BY- Bitu-
mi-
nis

ARMENIA MINOR

COSCHIS

Geon fluv.

Arca

Terra Sennaar
Unde pix pro Arcæ
fabrica

Ararat
mons

Mare
Cas

Physon flu.

SO-
NIA

ARMENIA
MAJOR

Tigris Babel

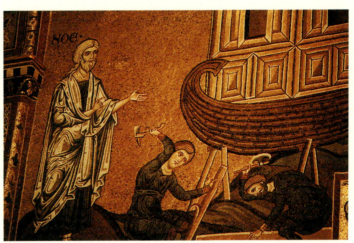

4

5

6

7

8

9

DER AUFTRAG

«Da sprach Gott zu Noah: Das Ende allen Fleisches ist bei mir beschlossen, denn die Erde ist voller Frevel von ihnen; und siehe, ich will sie verderben mit der Erde. Mache dir einen Kasten von Tannenholz und mache Kammern darin und verpiche ihn mit Pech innen und aussen. Und mache ihn so: Dreihundert Ellen sei die Länge, fünfzig Ellen die Breite und dreissig Ellen die Höhe. Ein Fenster sollst du daran machen obenan, eine Elle gross. Die Tür sollst du mitten in seine Seite setzen. Und er soll drei Stockwerke haben, eines unten, das zweite in der Mitte, das dritte oben. Denn siehe, ich will eine Sintflut kommen lassen auf Erden, zu verderben alles Fleisch, darin Odem des Lebens ist, unter dem Himmel.» Buch Moses, Kapitel 6, Vers 13–17)

Für den Bau der Arche, meint J.J. Scheuchzer 1731 in seiner Physica Sacra: «...es habe der Ceder- oder Cypressen-Baum den Vorzug... Wenn aber denen Seefahrenden hauptsächlich daran liget, ihre Schiffe von Würmern und Fäulung zu verwahren, und dem eindringenden Wasser vorzukommen, so muss auch die Arche inn- und auswendig mit Pech verpicht werden... Besser schickte sich hieher das Erden-Pech... Zu Überzeugung der Spötter will uns obliegen zu erweisen, was massen die Arche genugsam Grösse und Raum gehabt, so wohl denen Thieren, als anderen Notwendigkeiten Aufenthalt zu verschaffen...»

Man kann zwei grundsätzliche Konstruktionsmethoden für den Bau von Holzschiffen unterscheiden: Schalenkonstruktion und Skelettkonstruktion. Bei der Schalenkonstruktion baut man zuerst den Rumpf auf, bei der Skelettkonstruktion zuerst Kiel, Steven und Spanten, und beplankt dann das Fahrzeug. Die Skelettkonstruktion kam erst im späteren Mittelalter auf. Die Geschichte Noah wird häufig in Sequenzen dargestellt, eine davon behandelt den Bau der Arche. Diese Darstellungen spiegeln jeweils zeitgenössischen Schiffsbau und Zimmermannsarbeit. Baumstämme werden mit Sägen in Bretter aufgeschnitten und mit breiten Äxten zu Planken behauen. Auch Hilfsmittel für schwerere Arbeitsgänge sind abgebildet.

2 Locus fabricationis Arcae. Kircher, Athanasius, Arca Noe, Amsterdam 1675. (Foto: Zentralbibliotek Zürich)

3 Bau der Arche. Mosaik, 12. Jahrhundert, Dom Monreale, Sizilien.

4 Arche Noah. Glasfenster, 13. Jahrhundert, Sainte Chapelle, Paris.

5 Einzug der Tiere. Mosaik (Ausschnitt), 12./13. Jahrhundert, Basilica San Marco, Venedig.

6 Einzug der Tiere. Mosaik, 12. Jahrhundert, Dom Monreale, Sizilien.

7 Arche Noah. Deckenmalerei, 14. Jahrhundert, Kirkerup, Dänemark.

8 Noah empfängt die Taube. (Ausschnitt) Emailtechnik, Altar Kloster Neuburg, 12. Jahrhundert von Niklaus von Verdun, Stift Klosterneuburg bei Wien.

9 Arche Noah. Deckenmalerei, 11. Jahrhundert, Saint Savin, Frankreich.

10 Bau der Arche. Stich nach Raffael von Chapron 1649.

11 Fugendichtung an der Arche. Relief an Portal Sainte Chapelle, 13. Jahrhundert, Paris.

12 Bau der Arche. Buchillustration, Bedford Book of Hours, um 1425. (Foto: British Library, London)

11

12

DIE ARCHE

Trotz der klaren Bauvorschriften in der Bibel sind die künstlerischen Archeausführungen durch die Jahrhunderte verschieden. Der Kasten, der «nur» gottergebenes Treiben auf den Fluten gestattete, wurde kontinuierlich den zeitgenössischen Errungenschaften im Schiffsbau angepasst. Frühe Darstellungen zeigen die Arche als Tonne, mit Platz für eine Person. Es folgten Kasten auf flossähnlichen Schwimmkörpern, ohne Bug und Heck noch ganz gottwillfährig. Doch dann wird der Kasten auf einen manövrierbaren Schiffskörper gestellt und Noah greift zum Steuerruder. Scheuchzer äusserte sich 1731 dazu: «Nach diesem Anschlag war Noah als Admiral keines Steuer-Ruders benöthiget, es wäre denn in den ersten Wochen, dass er denen Felsen ausweichen möchte, doch bedurfte er vielleicht auch dessen nicht, weilen das Schiff von der Göttlichen Fürsehung geleitet worden, die nicht zuliesse, dass er an Felsen anpröllte, von wilden Wellen verschlungen, oder von Sturm-Winden hin und hergeworffen werden sollte...»

Auch beim Aufbau auf den Schwimmkörper entfernte sich die menschliche Erfindungskunst immer weiter von der biblischen Vorschrift. Der dreigeschossige Kasten wird zur lokalen Architektur: einer steinbeschwerten Almhütte, einem einfachen nordischen Holzhaus mit Taubenschlag auf dem Dach, einem üppigen Barockbau oder einer armenischen Kirche. Gerade die letzte Ausführung beweist, wie stark die Kirche als Arche empfunden wurde.

Über die Inneneinrichtung der Arche räsoniert Scheuchzer folgendermassen: «Also hatte auch die Arche ihre Kammern; Anerwogen nicht nur Noah, sondern alle Thiere eine bequeme Herberge finden, und auf ein gantzes Jahr mit zulänglicher Speise versehen sein sollten, obwohl von Zahl, Grösse und Ort dieser Kammern aus Heiliger Schrift nichts bekandt, so stehet doch einem Baumeister, Mahler, Kupfferstecher frey den Kasten nach Belieben einzutheilen, wenn es nur denen Grund-Sätzen der Bau-Kunst nicht wider streitet, noch denen drey Boden oder Etages etwas abgehet...»

13 Noah in der Arche. Fresko um 300, Pamphilus-Katakombe, Rom.

14 Arche Noah. Bibelillustration (Ausschnitt), Wenzelsbibel um 1400.

15 Arche Noah. Deckenmalerei, 11. Jahrhundert, Saint-Savin, Frankreich.

16 Arche Noah. Holzschnitt, Kölner Bibel, um 1478.

17 Arche Noah. Holzschnitt aus der Weltchronik von Hartmann Schedel. Nürnberg: Anton Koberger 1493.

18 Arche Noah. Illustration aus der Physica sacra oder Naturwissenschaft der Heiligen Schrift von Johann Jakob Scheuchzer. Augsburg, Ulm 1731 / 1735.

19 «Noah 2000» 1983. Blei-/Blechplastik von Yvan «Lozzi» Pestalozzi, Ingenieur-Künstler und Objektgestalter, Binz ob Maur, Zürich.

14

15

16

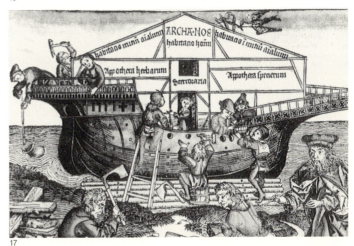

17

18

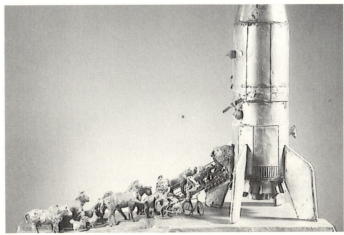

19

DIE FRACHT

Wenden wir uns den Tieren zu, der Hauptfracht der Arche. Es ist ein weiter Weg von der Tierauffassung des modernen Menschen, charakterisiert durch die Schlagwörter Verhaltensforschung, rationelle Nutztierhaltung, Artenschwund und Tierschutz, zurück in den Garten Eden. Duden, etymologisches Wörterbuch: *tier* bezeichnet ursprünglich das wildlebende Tier im Gegensatz zu Haustier (Vieh). Das germanische Wort ist eine Bildung zu der unter Dunst dargestellten indogermanischen Wurzel *dheu* – «stieben, blasen» und bedeutet «atmendes Wesen». Beachte lateinisch *animare* «Leben einhauchen, beseelen», das zu *animus, anima* «Lebenshauch; Seele» gehört, ebenso wie *animal* «Tier» mit seiner Grundbedeutung «beseeltes Geschöpf». Es besteht Urverwandtschaft mit griechisch *anemos* «Wind (hauch)»...

Durch die Jahrtausende lebte der Mensch in enger Verwandtschaft mit den Tieren. Es war Jagdbeute oder Begleiter und seine Überlegenheiten führten zu Vergötterungen. Der archaische Mensch schlüpfte physisch wie psychisch in die Tierhaut. Wolfhilde, Wolfgang und Ursula, Urs erinnern uns an ursprünglich enge Bindungen. Durch eine sich beschleunigende Evolution erfasst, schälte sich der menschliche Geist aus dem Dämmerzustand und gestattete Reflexionen über Umwelt und Eigenart. Steinzeitmenschen ritzten Tierdarstellungen in Höhlenwände, Knochen und Steine. Langsam sonderte sich der Mensch aus dem Kreis seiner bisherigen Weggefährten aus, gewann die Oberhand, und die Domestikation von Tieren kann als logische Folge angesehen werden. Durch alle Zeiten hat das Tier dem Menschen als Profilierungshilfe für die Entwicklung des eigenen Wesens gedient. In der Antike und dem Mittelalter kommt es im Märchen und der Fabel zu Wort und hält dem Menschen den Spiegel vor. Im «Physiologus» (der Naturkundige), einem schmalbändigen Bestiarium, vereint sich antikes Tierverständnis und christliche Heilslehre. Die Tiersymbolik genoss in der Kirche und beim Volk zum Beispiel in den Lebensalterdarstellungen grösste Aufmerksamkeit. Doch das naive Tierverständnis, reich an Fabelwesen und Zwittergestalten, konnte den neuen wissenschaftlichen Erkenntnissen immer weniger standhalten.

20 Einzug in die Arche. Holzschnitt von Tobias Stimmer (Schaffhausen), Strassburg 1588. (Stimmer wurde auch zur Bemalung der Astronomischen Uhr im Strassburger Münster beigezogen, 1571 – 74).

21 Arche Noah. (Ausschnitt) Wandbild von Schmucker, nach dem Holzschnitt von Stimmer, Saal im Haus «zum Roten Ochsen», Stein am Rhein, 1615.

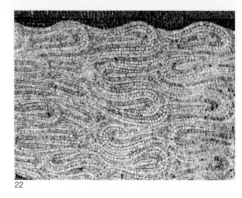

22 Die Flut. (Ausschnitt) Mosaik, 12./13. Jahrhundert, Basilica San Marco, Venedig.

23 Sündflut. (Ausschnitt) Katecheseblatt, Radierung, Conrad Meyer, Zürich 1686.

DIE FLUT

Im ersten Buch Mosis, zwischen Kains Brudermord und dem babylonischen Turmbau, können wir die Geschichte der Sündflut nachlesen. Der Hinweis auf eine babylonische Flut kommt aber bereits im elften Gesang des Gilgamesch-Epos vor. Dieses in Keilschrift auf Tontafeln abgefasste Dokument datiert etwa vor 4000 Jahren. Es hat in der umfangreichen Bibliothek des Assyrerkönigs in Ninive überlebt, die er 700 Jahre vor Christus begründete und die englische Archäologen 1850 entdeckten. 1929 stiess der englische Forscher Woolley, bei Grabungen nach antiken Kulturzeugnissen in den Königsgräbern von Ur, auf eine bis zu drei Meter dicke, ungewohnte Lehmzwischenschicht. Diese Lokalflut, die sich vor 6000 Jahren in Südmesopotamien ereignete, wurde als Sündflut ausgelegt. In den letzten Jahrzehnten distanzierte sich die Wissenschaft jedoch davon und gab der Theorie einer globalen Flut den Vorzug. Die Ähnlichkeiten der Berichte aus Epos und Bibel sind deutlich, aber die Frage um die Flut ist noch nicht geklärt. Wie die Babylonier, Hebräer, Griechen, Nordländer und andere Völker der alten Welt, kennen auch viele Indianerstämme Nord- und Südamerikas Flutsagen.
Johann Jakob Scheuchzer versuchte im Zeitalter der Aufklärung die Sintflut geologisch zu erklären. Er meint in seiner Physica Sacra von 1731 dazu: «Die einfältigsten Bauren urtheilen in Wahrheit weit besser und glücklicher, wenn sie bey Wahrnehmung eines tief in der Erde stehenden Holzes, auf Steinen gebildeter Fische, Pflanzen, Muscheln, Schnecken, bald und wohl schliessen, dass solcherley Sachen von einer allgemeinen Sünd-Flut zurückgeblieben... Das Zeugnis der Sünd-Flut ist in die harteste Felsen eingeschrieben...» Sein Homo diluvi testis, der «Sintflutmensch», ein Beweisstück seiner Theorie, 1726 in einem Steinbruch bei Öhningen am Bodensee ausgegraben, wurde später von Paläantologen als Teil eines Riesensalamanders bestimmt.

EXTRA ECCLESIAM NON EST SALUS.

24

25

26

27

29

MITTELALTER

Im Mittelalter wurde in den Schreibstuben der Klöster Handschrift und Buchmalerei auf Pergament gepflegt. Die Bibelkopien, Evangelarien, Predigt- und Gebetsbücher dienten hauptsächlich der Erbauung der Eingeweihten. An Stundenbüchern, einer Luxusgattung der Gebetsbücher, erfreuten sich weltliche Potentaten. Sie konnten auf lateinisch oder in der jeweiligen Landessprache abgefasst sein und bildeten einen Höhepunkt in der Buchmalerei. Als soziales Gegenstück figurierte die Biblia pauperum «Bibel der 'geistig' Armen», in illustrierter Buchform und erfreute das ungebildete Volk. Im südlicheren Teil Europas erlebte die künstlerische Kirchenausstattung während der Romanik eine Blüte. So wirkte in der christlichen Kirche des Mittelalters das vorgetragene Wort Gottes, das Evangelium, gleichzeitig mit der Bildbetrachtung an den Kirchenwänden. Der Gläubige erlebte im Kirchenraum, der Schiff und Arche symbolisierte, Einheit und Trost, sowie das Versprechen auf Überleben im Jenseits.
Des Schicksals und der Gestalt Noahs, der auch als Vorausdeuter Jesu angesehen wurde, haben sich die mittelalterlichen Künstler mit viel Phantasie und Hingabe, in den Techniken des Mosaiks, des Steinreliefs, der Schnitzkunst, der Emaillierkunst, der Wand- und Glasmalerei und eben der Bilderhandschriften angenommen. Stationen wie Archebau, Einzug der Tiere, Sintflut, Aussendung der Taube, Dankopfer und Regenbogen wurden hauptsächlichst dargestellt. In den Moralitätenvorführungen erfuhr die Thematik auch eine theatralische Interpretation.
Um 1220 begegnen wir Noah noch in anderem Zusammenhang, nämlich in dem Rechtsbuch des Sachsenspiegels: «Manche Leute sagen, die Knechtschaft begann bei Kain, der seinen Bruder erschlug. Andere Leute weisen auf Noah hin, der zwei seiner Söhne segnete, den dritten verfluchte.»

24, 25, 26 und 27 Arche Noah. Wandbilder im Schlössli am Spisertor, St. Gallen 16. Jahrhundert.

28 Arche Noah. Wandbild. Kirche St. Georg, Rhäzüns 14. Jahrhundert.

29 Arche Noah. Sachsenspiegel-Rechtsbuch 1221–1224, Insel Bücherei Nr. 347, Leipzig o.J.

30 Arche Noah. Kapitell-Steinskulptur, 12. Jahrhundert, Münster von Autun, Frankreich.

31 Arche Noah. Steinrelief, 13. Jahrhundert, Kathedrale von Toledo, Spanien.

32 Arche Noah. Holzrelief, 13. Jahrhundert, Kathedrale von Roskilde, Dänemark.

33 Noah baut die Arche. Kapitell-Steinskulptur, 12. Jahrhundert, Magdalenenkiche von Vezelay, Frankreich.

30

31

32

33

NEUZEIT

Seit der Renaissance war es auch manchen Wissenschaftern ein Anliegen, gegen die wachsende Zahl der Zweifler den Nachweis zu erbringen, dass Sintflut und Arche keine Hirngespinste waren. Der Schweizer Naturforscher Scheuchzer (1672–1733), Oberstadtarzt und Professor der Mathematik in Zürich, äussert sich in seiner vierbändigen (– Kupfer-Bibel, In welcher die Physica Sacra Oder Beheiligte Natur-Wissenschaft Derer In Heil. Schrift vorkommenden Natürlichen Sachen, Deutlich erklärt und bewährt von Joh. Jacob Scheuchzer, Augspurg und Ulm 1731–): «Die Arche, das vollkommene Meister-Stück eines Schiffs-Baus ist allerdings würdig, dass man eine genaue An- und Einsicht mache, ja nach denen Grund-Sätzen der Rechen- Mess und Schiff-Bau-Kunst eine Capell-Probe nehme, und so umso mehr, da die Heyden mit diesem Kasten, als einem so viele Thiere und Speisen einzunehmen unfähigen Gebäude, das Gespötte getrieben, wie Celsus, Marcion, Valentinus zusamt denen Gnosticis gethan haben. Nur ist zu bedauren dass diese Speyvögel von denen alten frommen Kirchen-Vätern hierinne gestärchet worden, welche sich mit ungereimten und zum Teil lächerlichen Meynungen hinaus halfftern wollen, auf eine Art, wie noch heute einige übrigens gelehrte und fromme, in der Mathematic aber unerfahrne Schrifft-Erklärer, manche abgeschmackte Sachen fürtragen und behaupten, allein dem Ansehen der Schrifft und hochschätzbarn Orthodoxia damit mehr Schaden als Nutzen bringen…».

Vor dem Aufklärer Scheuchzer hatte bereits der Jesuit Athanasius Kircher (1601–1680) in seinem Buch «Arca Noë» Amsterdam 1675, eine beachtliche Projektion entworfen, wie die Arche sinnvoll gebaut und eingetheilt sein musste, um den Benützern das Überleben zu ermöglichen. Ebenfalls in Amsterdam erschien 1724 «L'Histoire de la Bible» von Martin Schagen. Seine Abbildung, besonders die Inneneinteilung der Arche erinnern uns stark an die Vorlage von Kircher. 1604 hat der Niederländer Pieter Janssen in verkleinertem Massstab, bibeltreu, eine Arche bauen lassen.

34 Archeeinteilung in drei Stockwerke. Illustration in: «L'Histoire de la Bible» von Martin Schagen, Amsterdam 1724. (Diese Darstellung erinnert an die Inneneinteilung der Arche, im Werk «Arca Noë», Amsterdam 1675, von Athanasius Kircher).

35 Grundriss, Profil und Aufriss der Arch. Scheuchzer, Johann Jakob. Physica sacra oder Naturwissenschaft der Heiligen Schrift, Augsburg, Ulm 1731/1735. (Foto: Zentralbibliothek Zürich)

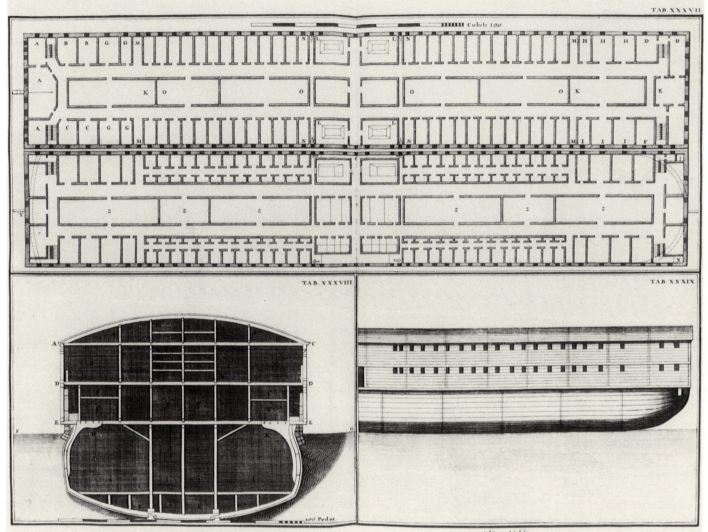

GENESIS Cap. VI. v. 15.
Arcæ Ichnographia, Orthographia, Scenographia.

I. Buch Mosis Cap. VI. v. 15.
Grundriß Profil und Aufriß der Arch.

36

36a

36b

Des Eersten Werelds Ondergang door de ZUNDVLOED.

Als de Mensche op den Aardbodem begonnen te vermenigvuldigen, Ende de Heere sag dat de boosheyd der menschen menigvuldig was op de Aarde, Zeyde de Heere tot Noach, Ik zal den mensche dien ik geschapen hebbe, verdelgen van den aardbodem, van den mensche tot het vee, Maekt u een Arke van Gopher hout ende bepekt se van binnen ende van buyten, Ende gaet gy ende uw gantsche Huysgesin in de Arke. Want over nogh 7 dagen, sal ik doen regenen op der aarde 40 dagen en 40 nachten, ende ik sal van den Aardbodem verdelgen al wat bestaet. Soo ging Noach en zijn Huysgesin met hem in de Arke. Ende van al 't Vee kwamen 'er 2 en 2 tot Noach in de Arke, 't mannetien en 't wijfken. En de fonteynen des afgronds zijn opgebroken, en de Sluysen des Hemels geopent. Ende een plasregen was op der aarde 40 dagen ende 40 nachten. Ende de wateren vermeerderde seer op der aarde, 15 elle hooge, ende all' hooge bergen wierden bedekt. Ende alle vleisch dat zig op de aarde roerde gaf den geest, van 't gevogelte, van 't vee, van 't wilt gedierte, ende alle menschen. Al wat een adem des geestes des levens in zijne neusgaten hadde, van alles wat op het drooge was, is gestorven. Alsoo werd verdelgt al wat bestond, dat op den aardbodem was, van den mensche aan tot het vee, tot het kruypende gedierte, ende tot het gevogelte des Hemels, ende zy werden verdelgt van der aarde. Doch Noach alleen bleef over, ende wat met hem in de Arke was. Genesis Cap. 6. en 7.

t'Amsterdam, by de Erven de Wed. J. RATELBAND, en J. BOUWER, op de Rooze Gragt, Zuyd-Zyde, in de Bybel-Drukkerye.

38

VOLKSKUNST

Im 16. Jahrhundert erlebte Europa gravierende Erschütterungen, wissenschaftliche Erkenntnisse bedrängten den Glauben. Der Weltuntergang schien bevorzustehen. Aus der Konjunktion der drei Planeten Saturn, Jupiter und Mars im Zeichen der Fische war für den 20. Februar 1524 eine neue Sintflut errechnet worden. Kaiser Karl der V. wurde geraten, seine Armeen in die Berge zu verlegen, und in Toulouse baute der Rektor der Universität mit seiner Familie und Freunden eine Arche. Doch der besagte Tag wurde warm und trocken und der Rektor konnte seine Blamage nur dadurch abwenden, dass er seine Arche zum Fischfang nutzte.

Die etappenweise Christianisierung Europas, die Hinwendung zu einem einzigen, dreifaltigen Gott, gipfelte äusserlich in den überragenden Bauten der mittelalterlichen Kathedralen. Die starke gemeinschaftliche Fixierung auf die Kirche lockerte sich in der anbrechenden Neuzeit, gefördert durch individuelle Leistungen kühner Seefahrer, Natur- und Geisteswissenschaftern. Weltentdeckung, Eroberungen, Kolonialisation und Welthandel erweiterten auch das bestehende Weltbild der Bevölkerung. Der Vorgang der allmählichen Entbindung der Menschen aus der Kirchenvorherrschaft, wird mit Säkularisation bezeichnet. Kirchliche Werte und Güter wechselten dabei in weltliche Bereiche über.

Die Menschen wollten am «Fortschritt» partizipieren, und Traditionelles wie auch Neues um sich haben, im Alltag, in der «Privatsphäre», verfügbar. Durch diese Verweltlichung erscheint uns auch Noah auf alltäglichen Gegenständen. Seit dem 16. Jahrhundert werden Archedarstellungen zum Volkskunstmotiv auf Zinntellern, Gläsern, Gebäckmodeln, Ofenkacheln, Möbeln, Hinterglasbildern, Bildteppichen und Wandbildern.

Missionare verbreiteten den christlichen Glauben in alle Welt, und gerade die kindlich eindrückliche Geschichte Noahs fand bei vielen Eingeborenen Sympathien und regte zu volkskünstlerischen Darstellungen an.

36 Arche Noah. Miniaturarbeit von Gertrud Ullmann, München 1990.

36a Arche Noah. Kunsthandwerk aus Keramik, Peru 1990.

36b Arche Noah. Kunsthandwerk aus bombiertem Blech, Mexico 1980.

37 De Zondvloed. Populäre Druckgrafik, kolorierter Holzschnitt, Ratelband und Bouwer, 18. Jahrhundert, Holland. (Foto: Rijksmuseum-Foundation, Amsterdam)

38 Arche Noah. Gebäckmodel aus Holz, Durchmesser 30,5 cm, um 1700. (Foto: Schweizerisches Landesmuseum Zürich)

39 Arche Noah. Relief auf Straussenei, Kolonialkunst, 17. Jahrhundert. (Foto: Württembergisches Landesmuseum Stuttgart)

40

40 Noah's Ark. Populäre Druckgrafik, Wandschmuck aus dem Verlag von Currier & Ives, New York (1834–97). Diese Lithografie hat dem Volksmaler Edward Hicks (1780–1849) für sein Gemälde «Arche Noah» als Vorlage gedient. (Foto: Schweizerisches Museum für Volkskunde, Basel)

41 Arche Noah. Populäre Druckgrafik, Grossoblate, 35 cm breit, lithographiert, geprägt und gestanzt, Deutschland um 1890.

POPULÄRE DRUCKGRAFIK

Die Bildverehrung, in der verwandten mosaischen und islamischen Religion zurückhaltend eingesetzt, wurde im Christentum bis zum 8. Jahrhundert zu einem wichtigen Bestandteil im gesamten kirchlichen Leben. Aber noch im selben Jahrhundert entbrannte ein heftiger Bilderstreit, der vorübergehend Bildverbannungen bewirkte. Die Reformation löste dann neuerliche Bilderstürme aus, die jeden Bilderschmuck von den Kirchenwänden fegte. Bilder mit Heiligenlegenden wurden verdrängt und dafür bekamen Motive aus dem alten Testament wieder Platz.

Aus der traditionellen Kirchenkunst erwuchs durch den Fortschritt der Säkularisation eine weltoffene Kunst. Die Lust an der Bildbetrachtung und der wachsende Wunsch nach persönlichem Bilderbesitz brachten der Druckgrafik eine zunehmende Nachfrage. Mit der Herstellung von Papier, im ausgehenden Mittelalter, war ein Bildträger geschaffen, der auch weniger bemittelten Gesellschaftsschichten den Erwerb von Bildern möglich machte. Musste sich bis dahin das Volk zu den Bildern in den Kirchen hinbegeben, wurden ihm solche jetzt durch ambulante Bilderhändler zugetragen und feilgeboten. Spielkarten und Bilderbogen fanden Eingang in die Alltagskultur einfacher Leute.

Die Bilderbogen erfüllten vielfältige Aufgaben: als Wand- und Truhenschmuck, zur religiösen Erbauung und moralischen Sinngebung, als Ermahnung in Lebensstufenbildern und Memento mori, als Mittel der Aufklärung und Neugierdenbefriedigung im Sinne der modernen Zeitung, als Zeichen freundschaftlicher Zuneigung und Liebe oder, komplementär, als Kampfmittel in religiösen und politischen Auseinandersetzungen. Die Arche Noah war ein häufig angewandtes Motiv in der populären Druckgrafik, vorab im Bereich der Katechese, als Bilderbogen-Thematik und in der zweiten Hälfte des 19. Jahrhunderts als Papierspielzeug.

42

KUNSTGEWERBE

Im 19. Jahrhundert, während der Industrialisierung, geriet das Kunstgewerbe, infolge der Verlagerung von der handwerklichen Fertigung zum billigen Maschinenprodukt, in eine vorübergehende Identitätskrise. Dieses Problem wurde vorab in England erkannt. Kunstschulen und Kunstgewerbevereine wurden gegründet, die sich in den Dienst der Förderung kunstgewerblicher Tätigkeit stellten. 1864 wurde in Wien das Museum für Kunst und Industrie (Industrie – Gewerbefleiss – Gewerbliche Fabrikation) eröffnet. Weitere Kunstgewerbemuseen folgten, alles Beweise für die Aufmerksamkeit, die dem Kunstgewerbe zukam. Die Weltausstellungen boten dem Kunstgewerbe ein Forum, es wurden Wettbewerbe ausgeschrieben und Preise verliehen.

«Die Londoner Weltausstellung vom Jahre 1851, dem Umfang nach die bescheidenste, hat als erste ihres Geschlechts doch die nachhaltigste Wirkung geübt. Der ideale Zweck der Ausstellungen kam wie nie zuvor zum Durchbruch. Insbesondere muss die erste Weltausstellung geradezu als die Geburtsstätte des modernen Kunstgewerbes bezeichnet werden.» Zitat: Julius Weber, Ingenieur, Ausstellungswesen, Zürich 1883. «Eine Gesamtübersicht über die Kunstgewerbe-Bewegung, an der alle Kulturländer Europas Anteil haben, gaben die Pariser Weltausstellung von 1900 und die Internationale Ausstellung des modernen Kunstgewerbes in Turin von 1902, die Deutsche Kunstgewerbeausstellung in Dresden 1906, die Brüsseler Weltausstellung 1910, die Werkbundausstellung in Köln 1914, die Deutsche Gewerbeschau in München 1922, die Internationale Kunstgewerbeausstellung in Paris 1925, die 'Ausstellung Europäisches Kunstgewerbe 1927' in Leipzig.» Quelle: Meyers Lexikon 1927.

Im Kunstgewerbe fand das Thema Noah und seine Arche originelle Behandlung besonders in der Keramik, im Buchdruck, in der Spielzeugfertigung und in Textilarbeiten. Dank einem weltumspannenden Handel wurden auch kunstgewerbliche Erzeugnisse ferner Länder zugänglicher.

42 Arche Noah. Bemalter Keramikfuss für Tischlampe, Mitte 20. Jahrhundert. (Privatbesitz Herr und Frau Schaefle)

43 Arche Noah. Keramik, Peru 1990.

44 Arche Noah. Stofftiere in Bastkorb, Sri Lanka, zweite Hälfte 20. Jahrhundert.

45 Arche Noah. Bombiertes Blech, Mexico 1980.

46 Arche Noah. Holz, Philippinen, 1990.

47 Arche Noah. Keramik, Kolumbien 1990.

48 Arche Noah. Keramikarbeit von Elisabeth Studer, Scandicci / Florenz, Italien.

43

44

45

46

47

48

49

KATECHESE

Das Aufkommen des gedruckten Buches stand konsequent im Dienst der Verbreitung und Verankerung der christlichen Botschaft. Seit dem 15. Jahrhundert wurden Bibeln mit Holzschnitten illustriert. Das Schicksal von Noah war in der Bibelikonografie beliebt. An seinem Beispiel konnte man die Belohnung des Gerechten und die unfehlbare Bestrafung aller Sünder drastisch beweisen.

In der religiösen Erziehung der Kinder kam der bildlichen Darstellung biblischer Geschehnisse eine noch grössere Bedeutung zu. In der Vorrede der Kinderbibel mit Bilderrätseln von 1800 steht: «Die Bemühung, der zarten Jugend durch Bilder die wichtigsten Dinge in der Welt, vornehmlich aber die Geschichte der heiligen Schrift frühzeitig beyzubringen, ist zu allen Zeiten von grossem Nutzen gewesen. Es trägt hiezu sehr vieles bey, dass zu diesem Unterrichte solche Personen fähig sind, welche durch beständige Wartung und Pflege der Kinder, ihre Herzen nach Gefallen lenken, durch das annehmliche der Bilder, die dem menschlichen Herzen eingepflanzte Wissensbegierde reizen, und die Zeit zum Unterrichte nach derselben Neigung erwählen können ohne sie durch gewisse abgemessene Stunden zu ermüden, und ihnen durch solchen Zwang die Erlernung nützlicher und nöthiger Wissenschaften eher verhasst als angenehm zu machen.»

Neben der illustrierten Kinderbibel für den Familienbedarf dienten ausgeschnittene und auf Pappe aufgezogene Kupferstiche dem Gemeinschaftsunterricht als «Handanschauungsbilder». In der zweiten Hälfte des 19. Jahrhunderts eroberte das eigentliche Schulwandbild die Schulen. Spezialisierte Verlage boten Anschauungslehrmittel, innerhalb derer auch religiöse Themen figurierten. In der Katechese spielen auch Bildgaben ein Rolle, der Besuch der Sonntagsschule wurde mit Bildchen belohnt – das Bildgeschenk im Sinne einer Werbegabe.

49 Arche Noah. Bilderrätsel in Kinderbilderbibel, Kupferstich, um 1800, Verlag unbekannt.

50 Arche Noah. Wandbild für den Religionsunterricht, Catéchisme en images, 48/68 cm, Maison A. Bonne, Bayard, Paris, um 1900.

51 Die Sündflut. Wandbild für den Religionsunterricht. Blatt 4 aus: «Bilder-Bibel. Vierzig kolorierte Darstellungen der wichtigsten Begebenheiten des Alten und Neuen Testaments», Herder Verlag, Freiburg 1861. 38/42 cm. Die Vorlage zu diesem Bildmotiv stammt aus dem Freskenzyklus der Sixtinischen Kapelle von Michelangelo. Die Personen symbolisieren Lebensalter und Stände.

52 Noes Dankopfer. Blatt 5 aus: «Bilder-Bibel», Herder Verlag, Freiburg 1861.

50

Die Sündflut.

51

Noes Dankopfer.

52

53

54

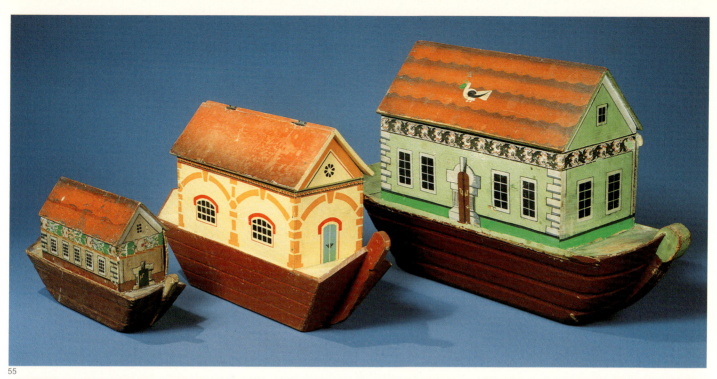
55

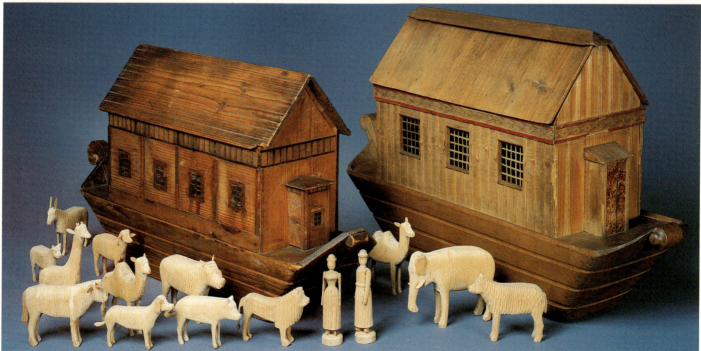
56

57

SPIELZEUGARCHEN

Ludwig der XIII. (geb. 1601) spielte als Kind mit einer Arche, gewiss einer köstlichen Einzelanfertigung. Der Nürnberger Verleger Bestelmeier reklamiert in seinem Magazin von 1803 Archen, und in der Folge findet sich dieses Aufstellspielzeug im Sortiment der Oberammergauer, Berchtesgadener und Erzgebirgischen Spielzeugmacher. Das Angebot reichte von einfachen Formen zu köstlicheren Ausführungen, gearbeitet als Brett- oder Schiffsarche, selten schwimmfähig, auf Rädern, ein oder mehrgeschossig, bemalt oder naturbelassen, kunstvoll verziert mit buntem Stroh oder mit Papier beklebt. Die Arche dient als Behälter für bis zu 300 Tier- und vier Menschenpaare. Die enorme Nachfrage für Spielzeugarchen im 19. Jahrhundert, besonders aus dem angelsächsischen Raum, erklärt sich teilweise dadurch, dass sie Puritanerkindern als eine der wenigen Sonntagsbeschäftigungen erlaubt war. Wir kennen Aufstellarchen aus Holz, Zinn, Ton, Karton, Elastolin und Kunststoff.
Mit der Einführung der Reifendreherei bei den Seiffener Spielzeugmachern, um 1810, konnte die Herstellung der Tiere vervielfacht werden. Diese wurden so zu handwerklichen Serieprodukten, von den Verlegern im Preis so gedrückt, dass sie im Volksmund den Namen «Elendsvieh» bekamen.
Die Aufzeichnungen des Volkskundlers Dr. Fritzsch, Kind einer Archenbauerfamilie (Noah-Heiselbauer) aus dem Archendorf Hallbach, informiert uns aus erster Hand über den Bau dieser Spielzeuge um die Jahrhundertwende. «So sägten und hobelten der Vater mit den Gesellen die Archenbauteile aus Fichtenholz zurecht, mit heissem Knochenleim und Drahtstiften wurden die Hauswandungen von der Mutter zusammengefügt, und aus den trapezförmig geschnittenen Wandteilen entstanden die Schiffskörper, die schliesslich durch Boden und Deckel geschlossen wurden. Das Anbringen der Scharniere für das aufklappbare Dach gehörte zu den schwierigsten Arbeitsgängen. Die Arbeit der ‚Weissbauer' und der Archenmaler aber war streng geschieden: Als Kind durfte er die Archenhäuser mit einem weissen Kreidegrund versehen, bevor das Übermalen mit hellen Deckfarben geschehen konnte. Der Meister übernahm die Schablonenmalerei der Fassaden- und Dachgestaltung. Danach wurden Dach und Boden mit einem schützenden Lacküberzug bestrichen.»

53 Spielzeugarchen auf Rädern. Arche aus Frankreich, 40 cm lang, ohne Tiere, um 1930. Arche aus Berchtesgaden, 45 cm lang, mit Tieren, um 1980 nach älterem Vorbild hergestellt.

54 Brettarchen mit Tieren. Erzgebirge 1880 bis 1920. Die grösste Arche ist mit buntem Stroh beklebt und 42 cm lang.

55 Archen auf Schiffskörpern mit Tieren, bemalt. Erzgebirge 1870 bis 1910. Die grösste Arche ist 58 cm lang und hat vier Menschen- und 96 Tierpaare (siehe Titelseite).

56 Archen auf Schiffskörpern mit Tieren, rohes Holz. Erzgebirge 1870–1880. Die grössere Arche ist 60 cm lang und hat vier Menschen- und 300 Tierpaare, mit einer Begleitliste auf der die Tiere in drei Sprachen aufgeführt sind.

57 Kinder spielen mit einer Arche Noah. Blatt aus einem Kinderbilderbuch. Verlag und Ort unbekannt, um 1880.

58 Spielzeugarche. Einzelanfertigung von Tiermaler Adolf Thomann (1874–1961), Zollikon, für Nichte und Neffe Vreni und Hans Thomann, Zürich 1917.

59 Spielzeugarche. Spielzeugmacher Johann Hartmann, Oberhelfenschwil, Toggenburg 1990.

60 Spielzeugarche auf Rädern. Albisbrunn Spielwaren 1930–1940.

61 Spielzeugarche, die Tiere sind auch als Kubus-Puzzle zusammensteckbar. Spielzeugmacher C. Baunaz, Bosco-Gurin 1990.

62 Spielzeugarche auf Rädern. Decor AG, Dornach um 1975.

63 Spielzeugarche. Spielzeugmacher Aepli, Wattwil 1991.

58

59

60

61

62

63

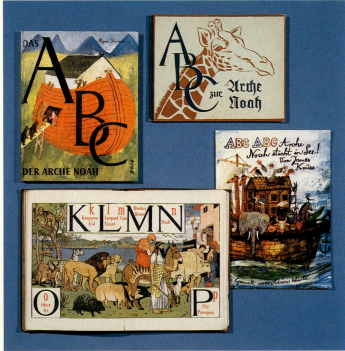

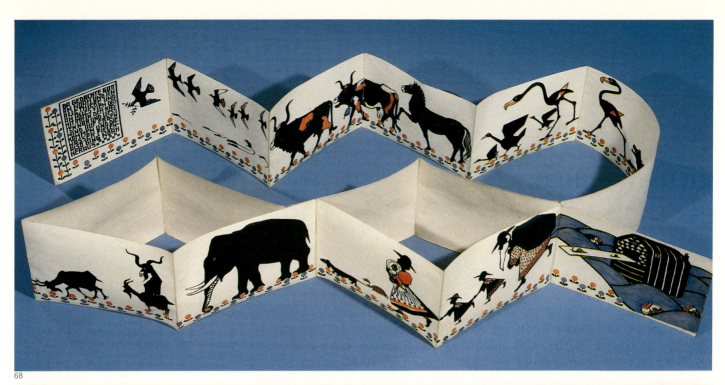

68

69

BILDERBÜCHER

In unserem Jahrhundert hat das Bilderbuch vor dem Aufstellspielzeug die Aufgabe als Trägerin und Vermittlerin der Geschichte Noahs in der Kinderwelt übernommen. Bereits 1850 erschien Hoffmanns Bilderbuch «König Nussknacker und der arme Reinhold». Da wird auf einer Seite in ironischen Versen über den «grossen Regen» berichtet. Reflektieren diese Reime eine breitere Erwachseneneinstellung gegenüber der Noah-Thematik?
Illustrationen von Kindern, die mit einer Arche spielen, sind in der zweiten Hälfte des 19. Jahrhunderts keine Seltenheit. Auch in den Aufklapp- und Bewegungsbilderbüchern dieser Zeit ist Noah anzutreffen. Der englische Jugendstilkünstler Crane hat 1874, The Noah's Ark ABC veröffentlicht. Auch spätere Künstler, wie Krüss und Duvoisin, haben den Stoff in ein Abc-Bilderbuch verpackt. Nach dem Zweiten Weltkrieg wird das Thema von den Verlegern und Buchgestaltern richtig entdeckt. Es eignet sich bestens zur künstlerischen Bearbeitung. Die Handlung lässt sich gut in einzelne prägnante Abschnitte gliedern und auf der Betrachterseite warten viele vier- bis achtjährige Kinder, die eine altersspezifische Neugier an der vor ihnen aufgerollten Tierwelt und an der Dramatik des Geschehens haben.
Die Noah-Bilderbücher lassen sich in zwei Gruppen teilen. Ein Sortiment von «Billig-Kinderbüchlein», aus religiös orientierten Verlagen, ist von der erbaulichen Sorte, die nicht immer künstlerischen Wert hat. Dagegen stehen die sorgfältig gestalteten Noah-Bilderbücher. Sie behandeln die Thematik freier, phantasievoller, witziger, hintergründiger und sind in der Aufmachung und im Preis köstlicher. Noah gaar i Land – ein Bilderbuch von Tjerne aus Dänemark, wandelt das Thema, unter der Besetzung der Deutschen während des Zweiten Weltkrieges, soweit um, dass es Noah gelingt, die Eindringlinge mit Wasser aus dem Lande zu spülen. Eine persönliche Widmung lautet: «Für Ole, als Erinnerung an den Widerstandskampf deiner Eltern unter der Besetzung». Auch die Umweltproblematik kommt zum Zug: im Bilderbuch von Littlejohn und Fitzsimons – «Unsere Arche» – vom Aussterben bedrohte Tiere. Ebenfalls aus dem Englischen, von Cartwright stammt das Buch «Die Arche Nora».

64 Arche Noah Bilderbücher. Verschiedene Künstler und Verlage, erste Hälfte 20. Jahrhundert.

65 Arche Noah Abc-Darien. Das aufgeschlagene Buch ist von Waler Crane – New Toy Book – Routledge Verlag, London 1874.

66 Arche Noah Bilderbücher. Kleinformatige Bücher verschiedener Künstler und Verlage, zweite Hälfte 20. Jahrhundert.

67 Arche Noah Bilderbücher. Verschiedene Künstler und Verlage, zweite Hälfte 20. Jahrhundert.

68 Der Sintflut Ende. Bilderbuch-Leporello, 3,75 Meter lang, Einzelanfertigung, Hersteller unbekannt, Deutschland um 1910.

69 Arche Noah. Doppelseite in Aufklappbilderbuch – Das wunderbare Tier-Bilderbuch – Verlag Gustav Weise, Stuttgart um 1890.

70 Arche Noah Geschichte aus dem Buch: König Nussknacker und der arme Reinhold, von Heinrich Hoffmann, erstmals 1850 in Deutschland erschienen.

71 Die Arche Noahs macht sich lustig. Kinderbilderbuch mit Illustrationen von Carlègle, Verlag SPES, Lausanne um 1930.

72 Noahs Arche. Bilderbuch von Peter Spier, Brunnen Verlag, Giessen 1978.

Die Arche gleitet in den Fluss und schwimmt gemächlich, ohne Steuer, stromabwärts. Kommt sie dem Ufer gar zu nahe, so streckt der Elefant seinen Rüssel aus, wie ein Schiffer seinen Bootshaken und stösst das Schiffchen wieder in die Mitte des Flusses zurück.

73

74

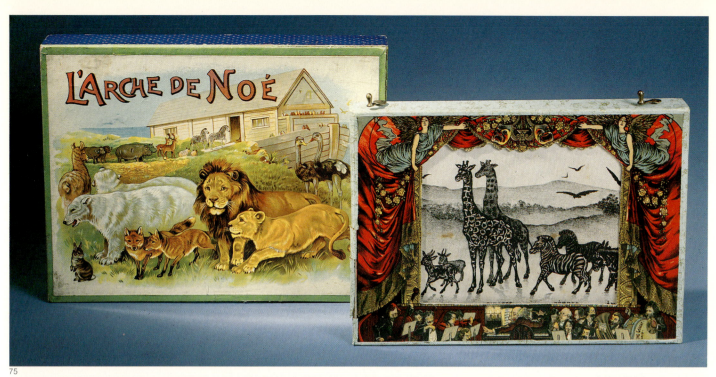

75

76

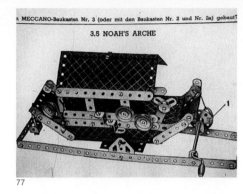

77

ARCHE NOAH-SPIELE

Im 19. Jahrhundert hat sich der Arche-Mythos, von der Erwachsenenwelt nicht mehr ganz ernst genommen, in die Kinderzimmer verlagert. Es ist das Jahrhundert der Zoogründungen. Ein wissenschaftliches Interesse verdrängt herkömmliches Tierverständnis. Das mag mit ein Grund für die Beliebtheit des Arche Spielzeuges beim Bildungsbürgertum gewesen sein. Den grossen Holz-Archen wurden Listen über den Inhalt beigelegt: «In dieser Arche Noae, bestehend aus acht Personen, ferner: Zwei Pferde, Deux chevaux, Two horses... Zwei Johanniswürmchen, Deux vers luisants, Two glow-worms.» Solche Listen mögen mit ihrer Dreisprachigkeit das Verkaufsgebiet aber vor allem auch die edukative Absicht, sprachlicher wie zoologischer Art, dokumentieren.

In der zweiten Hälfte des 19. Jahrhunderts gewinnt das Beschäftigungsspiel an Bedeutung. Wir möchten die Konstruktions- oder Modellierbogen dieser Kategorie zuordnen. Die bekannte Imagerie d'Epinal, von Pellerin, hatte damals gleich drei Papier-Archen im Handel: Nr. 287, Nr. 422a, b, c, (Grandes Constructions), Nr. 865 (Moyennes Constructions). Arche-Konstruktionsbogen finden sich auch in der Gegenwart.

Noah und seine Tiere begegnen uns in der Spielzeugwelt aber noch in anderen Formen: als Laterna-magica-Bilder, als Zinnfiguren, in der Luxuspapierproduktion als Grossoblate, als Puzzle, Lotto-Spiel oder auf Spielkarten. Im Buch «Schattenspiel» von Paerl sind dem Kind Vorlagen und Anleitungen gegeben, das Archegeschehnis darzustellen. Eher unerwartet taucht Noah im kulinarischen Bereich auf. In den Spalten einer Illustrierten, unter Backen und Basteln: Die Farbfotos stellen eine Kuchen-Arche mit zuckergussverzierten Tierpaaren dar und sind betitelt: «Eine süsse Geschichte zum Aufessen... Bestimmt hat jedes Kind schon einmal von Noah und seiner Arche gehört. Eine wunderschöne Geschichte, die man aber nicht nur lesen und zeichnen kann. Wir zeigen euch, wie einem an kalten Wintertagen beim Archebau ganz warm ums Herz wird...»

73 Kubenpuzzle mit Arche Noah Motiven. Verlag AK, Made in Bavaria, um 1910.

74 Archen aus Papier. Gebaut ab Konstruktionsbogen der Imagerie d'Epinal von Pellerin, grosse Arche: Bogen Nr. 422a, b, c, kleine Arche: Bogen Nr. 287, ausgehendes 19. Jahrhundert.

75 L'Arche de Noé. Schattentheater-Spielkasten, Saussine, Editeur, Paris um 1900.

76 Noahs Ark Animals. Aufstellspielzeug aus Karton, lithographiert, geprägt und gestanzt. Artistic Toy Novelty aus dem Verlag Raphael Tuck & Sons, London, Paris and New York, um 1890.

77 Noahs Arche. Konstruktionsvorschlag für Meccano-Baukasten Nr. 3, um 1920.

78 Arche Noah. Holzpuzzles, diverse Hersteller, Gegenwart.

79 Arche Noah Puzzles. Gegenwart.

80 Arche Noah Kartenspiele. Erste Hälfte 20. Jahrhundert.

81 Arche Noah Wurfspiel. Création Dagobert, Paris, Gegenwart.

82 Arche Noah Gesellschafts- und Bastelspiele. 1920 bis Gegenwart.

78

79

80

81

82

83

84

85

86

87

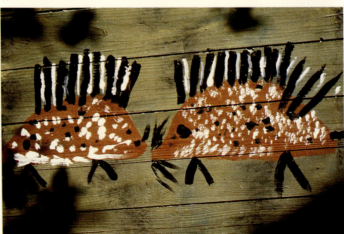

88

89

90

91

92

93

94

95

ARCHE NOAH AUS KINDERSICHT

Vor öppen 10 000 jar sind die mänschen ganz wild gesein und haben vil gestriten, haben den blumen nicht gelugt und auch nicht denen tiren, sie haben auch über den Libgot gespotet und gelogen. / Da hat der Libgot gesait zum guten här noah: Ach yez isch mir verleidet mit denen Lüt. Jez bausch dir ein groses schif, wil ich jez eine ganz grose überschwemung wil machen, eine sintfluten. / Im schlaf het das der Liebegot zum Her Noah gesait. Und er hat noch gesait: Nimsch den auch die tieren in deine Arche wil die sind schon recht. Von jeder sorte ein päärli. Und ich wil 40 tagen regnen lasen. / Da hat der Herr Noah mit seinen buben im Wald holz geholt. Sie haben eins risigs schif gebaut und wos fertig gsi isch, sind schon die wulchen gekomen. Ganz schwarz und gäl. / Jez hat der Här Noah gschnel die tieren gerüft: Chömed zu mir ir münd doch nöd stärben. Und sie hönd in guet verstanden und sind von überallhär gekomen: Loien schlangen tiger krokodile, elifanten. Dinosaurier und noch vil me, zletsch die schildkroten und die schnekli, wil die so gfürchig lamsam sind. Der her noah hat ales zupschlosen und den hänz gewartet. / Und den isch der regen gekomen. Es hät geblizt und gedundered, vil mal hintereinand, und d äde hat gewagelt und den hatz gerägnet und gerägnet, ales isch wie ein see gesein. / Die Lüten händ gerüft Herr Arche Noah, nim ois mit! Aber es isch schon zu spät gesein, er hat ales schon geschlosen. Häten sie nur vor her gelost! / Der här noah und seine tire sind 40 tage gefaren. Er hat mängs mal use güxlet, aber imer hats geregnet. Einsmal hat er einen vogel usengeschikt, aber der isch gli wider zurükomen. Bald hat er nomal einen gschikt und der hat ein zweiglein gebracht und der drite den isch nümen gekomen. Da hat der her noah gewüst das mer jez bald usenkan. / Zmal hats gechlöpft und gechäderet, im Schiff hänz ziteret und sind umenandgeflogen und haben gesait: chund ächt wider ein gewiter? Und die tiren sind auch grusig verschroken und haben gebrülen und geschreit hilfe hilfe, was ist den jez wider los? Da hat der Her Noah usengelugt und was gset er ein groser berg. der Ararat. An den sind sie getüscht. Juhui, jez könen si ausen! / Die Sonne hat wider gescheinen. Und ein ganz schöner Rägenbogen isch am himel gestanden zum zeichen das jez ales wider guet isch. Und sie sind usen und haben sich gestrekt und teuf geschnauft. Sie haben sich auf der erde ein plaz zum wonen gesucht und haben sich eine hüte gebauen und sind glücklich gesein.

83–94 Noah und seine Arche. Bilderzyklus, von Sonntagsschülern bemalte Abschrankungswand einer Grossbaustelle für ein Warenhaus in Baden, 1980–1983.

1991 war für das Kinder-Sonntagsblatt, Bern, ein Arche-Noah-Wettbewerb ausgeschrieben. Die Redaktorin, Frau Ruth Zschokke, kommentiert das Ergebnis in der Oktober-Nummer: Welche Freude! Fast zweihundert Kinder haben am Wettbewerb vom Maiheft mitgemacht. Wunderbare Gemälde in allen Grössen brachte der Postbote… Von einer Sonntagsschule erhielt ich eine riesengrosse Collage und von einer anderen einen Wandbehang… Jedem einzelnen Kind danken wir herzlich für seine Mitarbeit. Wir hoffen, dass die 120 versandten Preise auch etwas Freude bereitet haben…

95 Arche Noah – Einzug der Tiere. Kinderzeichnung von Anna und Julia Boller, Oberrohrdorf 1965.

Text – Arche Noah aus Kindersicht: «Die Geschichte vom Herr Noah und seinen Tieren» – erzählt, gezeichnet und gemalt unter Anleitung von Frau Ochsner von der Einschulungsklasse im Oelwiesli, Thalwil 1990.

96 Die Arche Noah. Kinderzeichnung aus: Biblisches Bilderbuch, herausgegeben von den Freunden des Schweizer Kinderdorfs «Kirjath Jearim in Israel», Zürich 1969. In der Einleitung steht: Wir danken den Kindern der Zeichenklasse vom Israel-Museum in Jerusalem und ihrer Lehrerin, Frau Ayala Gordon, für die Zeichnungen dieses Buches…

GEGENWARTSKUNST

Trotz einer gewissen figurativen Gebundenheit, fordert das Schicksal Noahs in der bildenden Kunst der Gegenwart immer wieder Künstler zur Auseinandersetzung auf. In den Jahren 1976 bis 1980 schuf der damals bereits neunzigjährige Marc Chagall die Chor-Glasfenster der Pfarrkirche St. Stephan in Mainz. In diesem Bibel-Bilderzyklus findet sich auch der taubenaussendende Noah.

Zur Bereicherung des Arche-Themas hat auch H.P. Grieshaber mit seinen eigenwilligen Holzschnitten beigetragen, einsichig im Buch «Die Arche», Bruckmann München 1975. Dieses Werk zeugt von einem starken persönlichen Engagement in ökologischer Sicht. Mit dem Mittel des Scherenschnittes hat Ursula Kirchner, «Die grosse Flut» – den griechischen «Noah» Deukalion und sein Weib Pyrrha –, aus den Metamorphosen Ovids, in einem Kunstband dargestellt. Eine Pressemitteilung vom November 1990 berichtet über ein künstlerisches Vorhaben zweier Franzosen, die vor der kanadischen Küste aus einem Eisberg die Arche Noah als Skulptur herausmeisseln wollen. Auch diese Aktion bezweckt: «Mehr Verständnis für die bedrohte Natur...»

Viel Gewicht kam Noah im Monster-Nachkriegsfilm «Die Bibel» zu (italienischer Produzent Dino de Laurentis). Das Spektakel schildert den bewegten ersten Abschnitt der Bibel, das erste Buch Moses; davon belegt das Thema Sintflut ganze 43 Minuten. John Huston, der Regisseur, spielt gleichzeitig die Rolle des Patriarchen Noah. Fünf Archen mussten gebaut werden. Die Tiere stellte der deutsche Zirkus Althoff für die Dauer eines Winters. Leuzinger und Henze, die beiden Dompteure, bekamen die Rollen der Söhne Noahs zugewiesen, da der Umgang mit den Bären und Raubkatzen Fachleute erforderte.

99

97 Arche Noah-Karikatur. Aus Puig Rosados Tierleben, Puig Rosado, Stalling AG Verlag, Oldenburg 1978.

98 Arche Noah Karikatur. Aus Horst Haitzinger, Archetypen, Horst Haitzinger, Verlag F. Bruckmann KG, München 1979.

99 L'arche de Noé, céramique décorative de la façade du nouveau bâtiment administratif du CEP, Centre éducatif et pédagogique, Estavayer-le-Lac. Das Arche-Motiv, als Kunst am Bau, findet sich seit 1977 am Verwaltungsgebäude des CEP in Estavayer-le-Lac. Der Keramiker Winfried Veit bekam die Aufgabe, die Fassade des neu erbauten Verwaltungsgebäudes künstlerisch zu schmücken. In einjähriger Tätigkeit hat er mit einer Schülergruppe des CEP die Arbeit realisiert. Nach Entwürfen wurde das Werk in 74 Platten mit je 40/40 cm Grösse geformt, gebrannt und emailliert.

100 «Noah 2000» 1983. Blei-/Blechplastik von Yvan «Lozzi» Pestalozzi, Ingenieur-Künstler und Objektgestalter, Binz ob Maur, Zürich.

101

101 Arche Noah. Aus: Paul Flora Penthouse, Copyright Diogenes Verlag AG, Zürich 1977.

102 Arche Noah Karikatur. Henrique de Souza Filho, Brasilien, Karikaturen der Welt, Cartoon 80, 3. Weltausstellung der Karikatur, Berlin 1980.

103 Arche Noah Karikatur. Wolfgasng Willnat, Deutschland. Karikaturen der Welt, Cartoon 80, 3. Weltausstellung der Karikatur, Berlin 1980.

KARIKATUREN

Ein bedeutender Träger der Noah-Legende ist in den letzten Jahrzehnten die Karikatur. Das Thema wird von den Cartoonisten und Comicszeichnern in den Formen zartester Poesie bis zynischer Zeitkritik abgehandelt.

Überhaupt rankt sich humoristisches um die Arche. Folgende Episode hat sich um 1960, nach einem Bericht von Kurt Küffer, in Bern abgespielt. Er besuchte damals das Gymnasium Neufeld. Während der Verkehrsstosszeiten wurde jeweils aushilfsweise auf der 5er-Linie der SVB ein alter Berna-Bus in Betrieb genommen. Im Volksmund wurde er Arche Noah genannt. Ein kleiner Kühler, Speichenräder und meistens offene Türen waren die Merkmale dieses knapp «vorsintflutlichen» Gefährts. Da rief einmal ein Passagier an der Schwanengasse beim Versuch, in den vollen Bus zuzusteigen: «Die Arche ist schon wieder voll.» Die prompte Antwort des schlagfertigen, als Original bekannten Chauffeurs: «Kommen Sie nur herein, es fehlt uns noch der Esel...»

Eine Pressemeldung liess aufhorchen: «Der Tag, an dem Noah aus der Arche stürzte: Ein Tennisstar dreht durch, und 55 Millionen Franzosen wundern sich...» Die Rede ist von Tennischampion Yannik Noah, Sohn eines früheren Fussballers aus Kamerun und einer schottischen Mutter, der die Internationalen Tennismeisterschaften gewann, danach aber mit inneren Konflikten zu kämpfen hatte, da er bemerkte, dass er Gefangener der Medien geworden war.

Beim Fernsehen fiel vor einiger Zeit der Satz: «Hätte es damals Tira gegeben, Noah hätte sein Schiff verpasst...» Tira ist nicht etwa der mit der Sabotage des Archeunternehmens beauftragte Teufel, sondern Mae West, Filmvamp, Löwen- und Männerbändigerin in der Filmreprise «I'm no Angel».

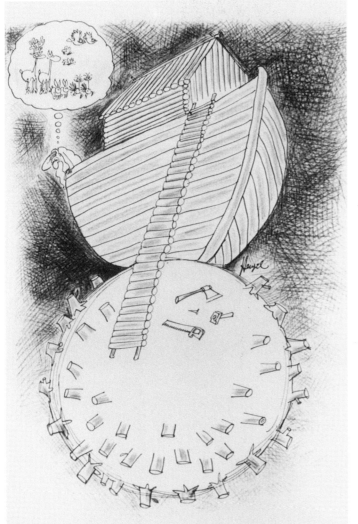

102

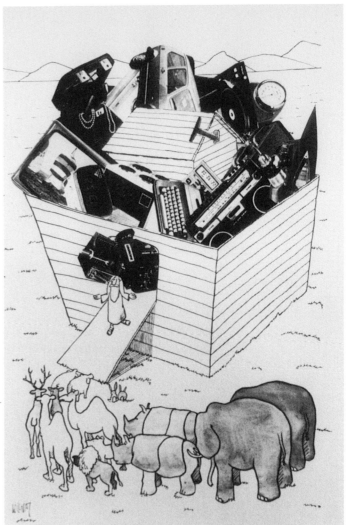

103

LITERATUR UND THEATER

104

Die Geschichte von Noah und der Arche hatte im Mittelalter, auch in den geistlichen Spielen, die sich bis in das 10. Jahrhundert zurückverfolgen lassen, ihren Platz. Die Mysterienspiele gehörten zum Gottesdienst und wurden in Kirchen vorgetragen um die christliche Botschaft beim Volke zu verbreiten.

Flögel berichtet in seinem Buch über die «Geschichte des Grotesk-Komischen»: «Schon früh hatte sich ein weltliches Element in diese kirchlichen Stücke gemischt, nicht bloss weil sie in den grössten Städten von den Gilden und Zünften dargestellt wurden (zu Chester spielten die Lohgerber den Fall Lucifer, die Krämer die Schöpfung, die Färber die Sündflut)... Nach der Mitte des 16. Jahrhunderts verlor sich in England der Geschmack an den Mirakelspielen... Nichtsdestoweniger waren im 18. und 19. Jahrhundert die geistlichen Komödien nicht von dem Repertoir der Puppentheater Alt-Englands ausgeschlossen, denn zum Beispiel Laverge's Puppentheater, spielte das Leiden Christi, die Arche Noäh, den verlorenen Sohn... Ein Anschlagzettel des Puppenspielers Crawley theilte für eine Vorstellung am Bartholomäusmarkt mit: «In Crawley' Puppenbude, der Schänke zur Krone gegenüber in Smithfield, wird man während der ganzen Dauer des Marktes eine kleine Oper aufführen, betitelt die alte Weltschöpfung, neu aufgelegt und mit der Sündflut Noäh vermehrt. Mehrere Fontänen werden während der Vorstellung Wasser speien; die letzte Scene wird darstellen, wie Noah mit Familie und allen Thieren Paar und Paar aus dem Kasten steigt und alle Vögel in der Luft werden sich auf Bäumen wiegen; über der Arche wird die Sonne zu sehen sein, wie sie in herrlicher Weise aufgeht...»

Literarisch hat der Stoff in der Gegenwart durch Loertschers «Noah-Roman einer Konjunktur» (logischerweise im Verlag der Arche erschienen) eine zugleich humoristische und ernsthaft-bedrückende Interpretation erfahren. Seine Handlung dreht sich um den Bauboom der sechziger Jahre. Eine weitere, reizvolle Form der Bearbeitung durch Schefold: «Die verschüttete Arche Noah». Im Nachwort berichtet der Autor über die Besonderheit des Schüttelverses und die Entstehung seiner Arche Noah in amerikanischer Kriegsgefangenschaft in Lothringen.

104 «Noah», eine Schüleraufführung, nach einem Spiel von Claus Martin, Musik Paul Burkhard, komponiert 1966. Die Aufführung war Teil des Dorffestes Untersiggenthal im Rahmen der 700-Jahr-Feier der Schweiz. Das Musical stand unter der Leitung von Ehepaar Arnet und rund 500 Kinder waren bei den Bühnenbildausführungen, im Singchor oder bei der Vorführung dabei. In einem Leserbrief äusserte sich Frau Marthaler zu dem Musical: «Ich kam ohne grosse Vorahnung und ohne spezielle Erwartungen an dieses Kindermusical. Ich verliess den Saal aber sehr betroffen und nachdenklich. Je mehr ich über die Inszenierung grübelte, um so trauriger, aber auch wütender wurde ich. Müssen uns denn wirklich die Kinder den Spiegel dieser Welt vor Augen halten? Sind wir Erwachsenen denn wirklich nicht mehr fähig, mitzufühlen mit dieser geschundenen, verletzten Erde, die uns immer noch trägt und erträgt?...

1984 erlebte die Komödie «Dr neu Noah» von Urs Widmer, im Schauspielhaus Zürich seine Uraufführung.

1988: «Wollt ihr die totale Arche?» In Niederweningen spielten Schüler der Oberstufe die «Arche Nova». Der grösste Teil des Erlöses wurde dem WWF zur Verwendung gegen die Rodung der tropischen Regenwälder gespendet.

1991 hat sich die Theatertruppe Komedie am Zürcher Bellevue in einer Arche als Aufführungslokal für diverse Vorführungen installiert.

105 «Arche Noah», ein Mysterium oder geistliches Spiel im Mittelalter. Illustration aus einem Familienblatt, Name und Verlag unbekannt, um 1900. Man vergleiche die Arche mit der Abbildung auf Seite 13.

105

WERBUNG MIT NOAH

Die Werbung, ein wichtiger Bestandteil unserer Kultur, sucht immer wieder zugkräftige Motive und Namen, so wird auch Noah und seine Arche in den Dienst der Werbung gestellt. Mitten in der Berner Gemeinde Arch steht der Gasthof «Zur Arche», daran wirbt schon seit dem 18. Jahrhundert das Aushängeschild «Allhier zur Arch».

Die «Société internationale des Mono à Winterthour», welche ein von Jugendstilkünstlern gestaltetes Sammelbildersystem betrieb, wirbt 1906 auf einer Karte für die Firma Frey, Vins en gros, Schaffhouse. Auf der Vorderseite Bild von Fahringer: «Noé plante la vigne», rückseitiger Begleittext: «Voilà le père Noé assis au milieu d'une société singulière, enfonçant le premier cep dans la terre fertile...».

Im «Blaupunkt», einer Ausmal-Werbeschrift für Kinder, der Vereinigung der Zürcher Spezialgeschäfte, wirbt 1938 das Spezialhaus für Spielwaren, Franz Carl Weber AG, mit einem Arche Noah-Ausmalbild.

«... Nicht alltägliche Weihnachtsschaufenster» – Nach diesem Motto wurde 1989 im Warenhaus Globus Noahs Geschichte und die glückliche Rückkehr der Tiere in ihre Heimat, auf die sieben Kontinente der Erde, ausgestellt.

Es ist wohl am allernaheliegendsten, dass die Istanbul-Reisen-Türkis AG mit dem Ararat im Bild und der Headline wirbt: «Hier landete die Arche Noah... Der 5172 Meter hohe Berg, heute noch Ziel archäologischer Expeditionen, ist in der Tat ein Höhepunkt, der überwältigende Naturschönheit, kulturelle Offenbarung und eben den Mythos biblischer Überlieferung vereint.»

106

106 «Allhier zur Arch». Gasthof-Aushängeschild, seit dem 18. Jahrhundert in Gebrauch, Gemeinde Arch, Kanton Bern.

Wie kam diese Gemeinde zu diesem Namen? Aus der Gemeindegeschichte entnehmen wir: Mit der Arche Noah hat dieser Name bestimmt nichts zu tun. Woher er allerdings stammt, das kann man nicht mit Bestimmtheit sagen... Das lateinische «arca», das soviel wie «Kiste», «Truhe» oder «Kasten» heisst, hat sich im ganzen lateinischen Raum erhalten. Im südfranzösischen «arco» ist ein «Wehr» zu verstehen und auch im Latein der Dolomitentäler heisst «archa» soviel wie «Wasserwehr». Im Tirol finden wir den Namen «arch» und im Schwäbischen «arche»; beide haben die Bedeutung von «Wasserwehr», Befestigung» des Ufers gegen den reissenden Fluss. – Dieses lateinische Wort könnten die Alemannen von der eingesessenen romanischen Bevölkerung übernommen haben...

107 «Haben Sie Winterthur eigentlich nach der Sintflut wieder einmal besucht?» So warb in den siebziger Jahren, ganzseitig in der Presse die «Junge Altstadt». Eine Genossenschaft zur Förderung und Belebung der Altstadt Winterthurs.

108 «Wir achten darauf, dass alle(s) vertreten ist.» Bank Julius Bär, 1890–1990, For the Fine Art of Swiss Banking.

*Winterthur!? – eine Industriestadt?! –
Besuchen Sie aber schleunigst unsere Altstadt!*

Haben Sie Winterthur eigentlich auch nach der Sintflut wieder einmal besucht?

Wir achten darauf, dass alle(s) vertreten ist.

Das ist wie bei den Anlagefonds der Julius-Bär-Gruppe,
die eine individuelle Vermögensanlage bei ausgewogenem Risiko
und geringen Kosten bieten.

JB∞B
BANK JULIUS BÄR
For the Fine Art of Swiss Banking

Zürich, Bahnhofstrasse 36, 8010 Zürich, Tel. (01) 228 51 11
Genf · Frankfurt · München · London · New York · San Francisco
Los Angeles · Mexico City · Hongkong · Tokio

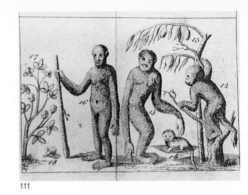
111

ACCLIMATATION

Im Dictionnaire von Thibaut, Leipzig 1825, wird Acclimatation als ein neues Wort bezeichnet. Es sollte folglich bedeutungsvoll werden. Der Ausdruck beinhaltet die willentlichen Anstrengungen, Pflanzen und Tiere zu Nutzzwecken aus ihrem angestammten geografischen Raum umzusiedeln. Wobei dieser Acclimatations-Vorgang auch von jedem «Aus- und Einwanderer» am eigenen Leib erlebt wird. Im 19. Jahrhundert wurden in vielen Ländern Gesellschaften für Acclimatation gegründet. Wir wählen das Beispiel der Société Nationale d'Acclimatation de France. Sie wurde etwa 1855 durch den damaligen Leiter des Jardins des Plantes (gegr. 1794) in Paris initiiert. Die Einführung aussereuropäischer Tier- und Pflanzenarten, Versuche mit Sämereien, mit neuartiger Tierhaltung und Zucht waren die wichtigsten Bestrebungen. Diese Zielsetzungen führten auch zur Gründung zoologischer Gärten. Der Jardin d'Acclimatation wurde 1860 in Paris eröffnet. «Diese moderne Art, die Naturwissenschaften durch zoologische Gärten zu fördern, findet allenthalben die lebhafteste Unterstützung von seiten der Regierungen und Munizipalitäten» (M. in D.Z.G. II 1861). Bisher konnten sich nur vermögende Feudalherrscher exotische Tiere in Gräben und Zwingern halten – das Volk konnte seine Schaulust gelegentlich in desolaten Wandermenagerien stillen. Der moderne Zoo, im letzten Jahrhundert in vielen Grossstädten von bürgerlichen Gesellschaften gegründet, diente der Wissenschaft und sollte primär den gebildeten Ständen Belehrung und Unterhaltung bieten. Der gesellschaftlichen Entwicklung folgend, wurde der Zoo zunehmend auch dem gemeinen Volk als Stätte der Bildung und Erholung zuerkannt, wurde also zu einem volkstümlichen gemeinnützigen Unternehmen mit pädagogischen Aufgaben.

Tierfangexpeditionen, Grosstierhandel, effiziente Transportmöglichkeiten und richtige Tierhaltung bildeten die Voraussetzungen für eine förderliche Zooentwicklung. Zoogründungen: London 1829, Antwerpen 1843, Berlin 1844, Rotterdam 1857, Kopenhagen 1858, Frankfurt 1858, Köln 1860, Dresden 1861, Hamburg 1863, Hannover 1865, Basel 1874, Zürich 1929.

109 Animaux de l'Arche de Noé. Imagerie d'Epinal, Nr. 422, Grandes Constructions, zweite Hälfte 19. Jahrhundert.

In unserem Jahrhundert sind zwei gegenläufige Tendenzen im Mensch-Tierverhältnis auffallend. Einerseits erschliessen wissenschaftliche Erkenntnisse und prächtige Fotobücher die Wunderwelt der Tiere immer präziser und anderseits werden die Lebensumstände für viele Tiere immer prekärer und der Artenschwund ist alarmierend.

110 Was durch Genmanipulation noch alles möglich sein wird, nimmt diese Karikatur von 1928 vorweg.

111 Naturgeschichte für Kinder, von Georg Christian Raff, ordentlicher Lehrer der Geschichte und Geographie auf dem Lyceum zu Göttingen. Reutlingen 1816. Kupfertafel VI Nr. 12 ein Satyr, 13 ein Cocosnussbaum, 14 ein Sagoin, 15 ein langarmiger Affe, 16 ein Orang-Utan, 17 ein Baumwollstrauch, 18 eine reife Baumwollnuss.

Die Entdeckung der Tiere und das Verhältnis zu ihnen hat sich mit der Zivilisierung des Menschen laufend gewandelt.

112 Im zoologischen Garten. Das wunderbare Tier-Bilderbuch, Aufklappbilderbuch, Verlag von Gustav Weise, Stuttgart um 1890.

TIERSCHUTZ

Es muss auffallen, dass die Forderungen nach Tierschutz, Kinderschutz und der Abschaffung des Sklavenhandels etwa gleichzeitig zu einem Politikum wurden. In England setzten sich mutige Parlamentarier für die Abschaffung der Sklaverei ein, und wärend des ganzen 19. Jahrhunderts wurden in Europa immer rigorosere Fabrikgesetzgebungen gegen die schamlose Ausbeutung von Kindern erlassen. England weist auch die älteste Gesetzgebung gegen Tierquälerei auf. Bereits im 18. Jahrhundert wurde dagegen strafweise vorgegangen. Nachdem Lord Erskind 1809 mit seinem Tierschutzgesetz im Oberhaus kein Glück hatte, gelang es dem geistlichen Broome, 1824 in London den ersten Tierschutzverein zu gründen. Weitere Gründungen folgten: Dresden 1839, Hamburg 1841, München und Berlin 1842, Bern 1843, Wien 1847. Als erster schweizerischer Kanton hat Schaffhausen 1842 eine Tierschutzverordnung erlassen. 1895, also vor rund hundert Jahren, wurden an Tierschutzvereinen gezählt: 200 deutsche, 24 österreichisch-ungarische, 243 englische, 19 schottische, 7 irische, 22 schweizerische, 6 dänische, 28 schwedische, 4 norwegische, 10 französische, 10 italienische, 2 portugiesische, 5 spanische, 22 russische, 15 finnländische, 122 in den Vereinigten Staaten, 12 in Afrika, 8 in Asien und 8 in Australien.

Zum Tierschutz erklärt das Brockhaus-Lexikon von 1895: «Der Tierschutz entspringt dem sittlichen Gefühl des Menschen, welches auch anderen Wesen das Recht des ungestörten Lebensgenusses zugesteht. Das Bestreben der Tierschutzvereine ist ein durchaus humanes, indem sie die bessere Behandlung der Zugtiere, ferner den Transport des Schlachtviehes und dessen schnelle Tötung, das Mästen und Töten des Geflügels, der Frösche und Fische, streng überwachen. Zu den offenen Fragen von 1895 gehörten noch die Einschränkungen der Vivisektionen, das Schächten, Taubenschiessen, Distanzritte, Parforcejagden und andere Dinge mehr. Als das wirksamste Mittel zur Verhütung der Tierquälerei ist die Erziehung des Menschen zu betrachten.»

Der 4. Oktober, Gedenktag des heiligen Franz von Assisi, gilt in allen Ländern als Welttierschutztag.

113

113 Gratis-Vorspann! Pferdeschutz-Vereinigung Wilmersdorf Holsteinische Strasse 11 «Werdet Mitglied». Pferde waren der Quälerei häufig ausgesetzt, sei dies durch Überanstrengungen, ungeschütztem Wettereinfluss, Futterknappheit und brutaler menschlicher Behandlung.

114 Alkohol und Tierquälerei. Beitrag und Illustration im Tierschutz-Kalender 1913. Herausgegeben von der Tierschutzgesellschaft «Humanitas» Zürich, Börsenstrasse 10, Bürostunden 9 bis 10 und 2 bis 4 Uhr. Entgegennahme von Klagen über Tierquälerei. Anmeldestelle zur Mitgliedschaft (Jahresbeitrag von Fr. 2.– an). Verkauf von Tierschutzschriften und -Karten.

Am 28. August 1861 wurde in Olten durch die Initiative von Pfarrer Philipp Heinrich Wolff aus Weiningen der Schweizerische Tierschutzverein ins Leben gerufen.

JUGEND-TIERSCHUTZ

Zu den Lehren – Von der Sündfluth – steht in einer Berner Kinder-Bibel von 1835: Gott sorgt für die Thiere; gönne ihnen daher die Freuden ihres Lebens. – Sie können zwar nicht denken, aber sie fühlen Freude und Schmerz. Sie müssen dem Menschen dienen; dafür verdienen sie auch Lohn. Gieb dem Tier sein Futter, und denke, dass Gott den Sonntag zu einem Ruhetag für das arme Lastvieh bestimmt hat.

«Der Kinderfreund» vom 15. Oktober 1910 mahnt: «Tierschutz ist zugleich Menschenschutz! Eine üble Gewohnheit der Kinder, besonders der Knaben, ist es, die ihnen auf dem Weg begegnenden Kleintiere zu vernichten. Alle Käfer, Würmer, Raupen werden totgetreten, Frösche, Eidechsen und andere Kleintiere mit Steinen beworfen. Wird dieser Mordlust seitens der Eltern und Erzieher keine Schranke gesetzt, so wird allmählich die Ehrfurcht vor dem Lebenden in den Kinderherzen völlig ertötet. Vater und Mutter sollten es nie vergessen, dass aus verhärteten Kindergemütern in der Regel auch harte, undankbare Kinder werden, was, wenn die Kinder gross und die Eltern alt sind, manchmal sehr auffällig und betrübend in die Erscheinung tritt.»

Schützet die Tiere! Auszüge aus einer Ansprache von Angell, einem der Hauptgründer der amerikanischen Tierschutzvereine, an die Kinder der Schulen in Boston, gehalten 1885: «Es ist in europäischen Schulen eine sehr wichtige Entdeckung gemacht worden, nämlich, dass Knaben, welche angeleitet worden sind, alle diese untergeordneten Geschöpfe gütig zu behandeln, – den Vögeln Futter zu streuen, die Pferde zu streicheln, und alle diese Tiere nur in sanftem Tone anzureden – viel bessere Burschen werden, dass sie nicht nur freundlicher gegen Tiere wurden, sondern auch gegeneinander, gegen kleine Kinder, überhaupt gegen jedes schutz- und hilfsbedürftige Wesen. – Eine englische Schule konnte sich rühmen, dass unter ihren 7000 entlassenen Zöglingen, welche dazu angehalten worden waren, sich gütig gegen Tiere zu benehmen, kein einziger je eines Verbrechens schuldig befunden worden sei. Unter 2000 Insassen unserer Gefängnisse, unter denen vor einigen Jahren diesbezügliche Umfrage gehalten wurde, fand es sich, dass nur zwölf in ihrer Kindheit irgend ein Lieblingstier gehabt hatten.»

115

115 Die Brieftaubenpost. Schweizerischer Tierschutzkalender 1946. Der Schuljugend gewidmet vom Tierschutzverein der Stadt St. Gallen. Die Titelblattillustration von Hedwig Thoma nimmt Bezug auf den Beitrag «Die Brieftaubenpost».

116 Tierschutz-Kalender.

In der Festschrift «130 Jahre Schweizer Tierschutz» schreibt Ruth Lüthi: «.... Der 'Schweizerische Tierschutzkalender' erschien 1890 zum ersten Mal und schien sich bei der Schweizer Jugend grosser Beliebtheit zu erfreuen, was die Auflagezahlen beweisen...». Der Schweizerische Tierschutzkalender erreicht heute eine Auflagezahl von bis zu 500 000 Exemplaren.

MENSCH UND UMWELT

Es ist nicht so, dass der Mythos der Vorzeit nur Märchen und Spielzeug geblieben ist. Durch das erbarmungslose Licht, das die Schäden und Gefährdungen unserer Umwelt in den letzten Jahren immer greller beleuchtet, hat das Bild vom alten Noah jäh an Aktualität gewonnen. Durch das wachsende Unbehagen gewinnt der Arche-Mythos in allen Schichten an Bedeutung und steigt aus dem Kinderzimmer wieder als Mahnmotiv in das Bewusstsein der Erwachsenen. Erde, Wasser und Luft sind aus dem Gleichgewicht geraten, und das weitere Überleben von Pflanzen, Tieren und Menschen hängt in der Zukunft von verantwortungsvoller Lebensweise und der Bereitschaft zu Einschränkungen ab. Naturschutz und Umweltschutz sind Stichworte, die erst in unserem Jahrhundert in den Wörterbüchern erscheinen. Sie sind eine Reaktion auf die wachsende Industrialisierung, deren Folgeschäden immer hautnaher spürbar werden.

Viele Sachbuchautoren, die sich in jüngster Zeit zu Ökologie, Pflanzen-, Tier- und Menschenschutz äussern, wählen Noah und seine Arche in ihren Buchtitel: Lorenz und Mündel – *Noah würde Segel setzen. Vor uns die Sintflut,* Gugerli, Vontobel, Brugger – *Arche Nova, Umwelthandbuch,* Mowat – *Der Untergang der Arche Noah,* Schneider, Oelke, Gross – *Die Illusion der Arche Noah,* Schmelzer – *Die Arche, Experiment einer Gesellschaft ohne Gewalt,* Makowski – *Neuer Kurs für Noahs Arche…*

Die Faszination, die vom Rätsel Noah auf die Menschen ausgeht, ist beachtlich. Immer wieder haben sich Expeditionen aufgemacht, um im Arraratgebiet nach Artefakten, Beweisstücken der Arche zu suchen. Der Franzose Navarra veröffentlichte 1974: J'ai trouvé l'Arche de Noé, und 1979 erschien in Amerika das Buch von Balsiger und Sellier: In Search of Noah's Ark…

117 Ich fand Noahs Arche. Fernand Navarra berichtet in seinem Buch von vier Arche-Expeditionen die er zwischen 1952 und 1969 in das Arraratgebirge unternommen hat. Das 1. Kapitel ist den Pionieren gewidmet, die sich vor ihm dasselbe Ziel gesetzt haben.

118 Der Spiegel: Natur ohne Schutz, Ausgabe März 1982: «Biblisches kam auch den Vorstandsmitgliedern des Bundes für Umwelt und Naturschutz Deutschland (BUND) in den Sinn, der letzten Monat eine Aktion 'Arche Noah 2000' startete: 'Die Situation ist', meldet der Verband, «inzwischen so bedrohlich geworden, dass alle Menschen heute – wie einst Noah im Alten Testament – aufgerufen sind, eine gewaltige Arche zu bauen für das Überleben der Arten'».

Time: Planet of the Year, Endangered Earth, Januar 1989.

119

120

121

122

MEINUNGEN

HANS-PETER HAERING, SCHWEIZER TIERSCHUTZ, BASEL

TIERNUTZ – TIERSCHUTZ

Tierschutz verstehen wir als ethisches Anliegen und als wesentlichen Beitrag zur Humanisierung der Gesellschaft. Tiere dürfen nicht jedem beliebigen Zugriff ausgeliefert sein. Sie sind unsere Mitgeschöpfe und sollen als solche in eigener Würde anerkannt und erlebt werden. Wir setzen uns ein für eine informierte, bewusste, für die Sache des Tieres sensibilisierte Öffentlichkeit. Information und Kommunikation auf überregionaler, nationaler und internationaler Ebene sind zentrale Aufgaben des Schweizer Tierschutzes. Ein Schwerpunkt liegt bei der Jugendarbeit; Tierschutzlager, Tierfilme, Videos und Tierschutz-Kalender für Jugendliche und Lehreinheiten für Schulen.

Wir betrachten eine wirksame und umfassende Tierschutz-Gesetzgebung und ihre Umsetzung als ein zentrales Anliegen. Deshalb setzen wir uns vehement für die Durchsetzung und Verbesserung der Gesetzgebung ein: So mit der 1986 von uns lancierten Volksinitiative «Weg vom Tierversuch», die eine drastische Einschränkung der Tierversuche fordert. Wir leisten einen erheblichen Beitrag zur finanziellen Unterstützung von Forschungsprojekten, in Ethologie und Veterinärmedizin, die an staatlichen Hochschulen oder privaten Instituten durchgeführt werden, vor allem bei der Erforschung von Alternativmethoden zum Tierversuch.

Aufgrund unserer Anstrengungen wurde in der Schweiz 1981 ein modernes Tierschutzgesetz eingeführt. im Lebensmittelsektor gelang es uns, den Konsum von Froschschenkeln, Gänseleber und Schildkrötensuppe in der Schweiz drastisch zu vermindern oder ein Einfuhrverbot zu erwirken. Zur Verbesserung der Situation der Nutztiere haben wir mit der «MUT-Stiftung» und dem Markenzeichen «Gourmet mit Herz» neue, erfolgreiche Wege eingeschlagen. Hinsichtlich der Pelztiere konnte der Informationsstand der Bevölkerung so verbessert werden, dass Pelztragen effektiv «zur Gewissensfrage» wurde. Noch viele Aufgaben harren indessen der Erledigung, sei dies im Bereich Nutztiere, Heimtiere, Tierzucht, Tierversuche, Tierhandel, Jagd, Pelztiere, Landwirtschaft, Gentechnologie, Gesetzgebung oder aber in der Bedrohung von Tierarten, auch im Ausland.

124

119 Segelfalter. (Foto: Krebs)

120 Eisvogel. (Foto: WWF)

121 Fliegenorchis. (Foto: WWF)

122 Salamander. (Foto: Weidner)

123 Das Hochmoor Rothenturm ist ein Lebensraum für viele gefährdete Pflanzen- und Tierarten (Foto: WWF / Nowak).

124 Krötenwanderungen im Frühjahr werden immer wieder beobachtet. Aktive Tierschützer bemühen sich um tätige Hilfe für die quakenden Bewohner unserer letzten spärlichen Tümpel und Weiher.

125 Der Mensch «verfügt» noch immer unbedenklich über Tiere. Vor allem die Intensivhaltung in sogenannten «Tierfabriken» zeigt eine gedankenlose Einstellung zu anderen Lebewesen. Dürfen wir Tiere derart zu Maschinen degradieren? (Foto: H. P. Haering, Schweizer Tierschutz, Basel)

MEINUNGEN

PATRIK GOSSWEILER, SCHWEIZERISCHE VOGELWARTE, SEMPACH

WENN VÖGEL SPRECHEN KÖNNTEN...

126 Schweizerische Vogelwarte Sempach. (Foto: Vogelwarte)

127 Storchennest. (Foto: Ruth Tischler)

Auch Tiere sind Lebewesen, doch können sie nicht sprechen und sich darum nicht selbst für ihre Interessen einsetzen. Wen interessiert es schon, welche Einbussen an Lebensqualität Tiere und Pflanzen erdulden müssen, wenn es um Fortschritt und Wohlstand geht. Die Erhaltung einer artenreichen und vielfältigen Tier- und Pflanzenwelt ist ein Ziel, wofür wir uns alle gemeinsam einsetzen müssen.
Gute Grundlagen und eindeutige Kriterien sind wichtige Voraussetzungen, um die Ziele des Natur- und Vogelschutzes zu erreichen.
Von der Sache her betrachtet, gibt es eine logische Abfolge von Massnahmen: Bestandesaufnahmen der Lebensräume, Bestandessicherung, Aufwertung, Pflege, Neuschaffen, Überwachen, Öffentlichkeitsarbeit. Die Vogelwarte leistet heute einen wesentlichen Beitrag als Bindeglied zwischen Forschung und Praxis. In der Praxis müssen ökologische Grundlagen oft unter extremem Zeitdruck erarbeitet werden. Die Aufträge für Umweltverträglichkeitsprüfungen (UVP) beispielsweise werden viel zu spät erteilt. Im Zusammenhang mit den grossen Bauprojekten Bahn 2000 (Mattstetten – Rothrist) und Nationalstrassenabschnitt N5 im Raum Grenchen wurden 1989/90 durch die Vogelwarte Grundlagen über Tiere und Pflanzen beschafft. Als eines der wichtigsten Bewertungskriterien erwies sich der Raumbedarf von wildlebenden Tieren. Mehr als fünfzig Fachleute mussten eingesetzt werden, um die Bereiche Wildsäuger, Vögel, Amphibien, Insekten, Pflanzen und Landschaft zu bearbeiten. Umweltverträglichkeitsprüfungen für Grossprojekte sind seit 1989 obligatorisch.
Die Schweizerische Vogelwarte setzt sich für die Erhaltung naturnaher Lebensräume ein und unterstützt damit den Vollzug der Gesetze, aber auch die Bemühungen um die Erhaltung unserer Landschaften. Das Institut steht der Öffentlichkeit als Fachstelle für Fragen der Vogelkunde und des Vogelschutzes zur Verfügung. Ihre Dienstleistungen sind Broschüren, Kurse für Schulklassen und Lehrer, Führungen und Vorträge. Wichtig ist auch ihr telefonischer Auskunftsdienst, das Sorgentelefon für Natur- und Vogelfreunde.

MEINUNGEN

DR. CHRISTIAN R. SCHMIDT, ZOO ZÜRICH

DER ZOO ALS MODERNE ARCHE NOAH

128 Arabische Oryx. Die letzten arabischen Oryx im Freiland wurden 1972 geschossen. Seit 1962 wird die arabische Oryx – das Vorbild des sagenumwobenen Einhorns aus der Bibel – als sogenannte Weltherde in verschiedenen Zoos gezüchtet. Im Zürcher Zoo allein wurden in zehn Jahren über vierzig Junge geboren. Im Jahre 1982 wurde die Art in Oman und Jordanien wieder angesiedelt – darunter auch Jungtiere des abgebildeten Zürcher Zuchtbockes «Ramtha». (Foto: Schmidt)

129 Immer mehr zoologische Gärten versuchen ihren Besuchern natürliche Lebensgemeinschaften vorzuführen. Der Milwaukee-Zoo etwa präsentiert gemeinsam Tiere der afrikanischen Savanne: Marabus, Strausse, Steppenzebras, Elenantilopen und – durch einen versteckten Graben getrennt – Löwen. Diese Arten sind produktiv, das heisst, dass sie sich in Zoos fortpflanzen und kaum mehr Exemplare dem Freiland entnommen werden müssen. (Foto: Milwaukee County Zoo)

Die Sintflut der Moderne wird durch den Menschen selbst verursacht: Mit einem jährlichen Bevölkerungswachstum von bis zu vier Prozent braucht die Menschheit immer mehr Raum. So werden zum Beispiel jedes Jahr bis zu fünf Prozent des Regenwaldes abgeholzt – pro Minute gehen auf diese Weise 41 Hektar Lebensraum für unzählige Tiere unwiederbringlich verloren. Aber auch direkte Verfolgung und Jagd tragen zur Ausrottung vieler Arten bei. Man schätzt, dass 30 Millionen Tierarten unseren Erdball bewohnen – die Mehrzahl davon ist noch nicht einmal wissenschaftlich beschrieben! Während 600 Millionen Jahren starb – ohne menschliches Zutun – jährlich eine Art aus. Heute rottet der Mensch aktiv jeden Tag nicht weniger als 86 Tierarten aus! Dabei werden nur die spektakulärsten Fälle überhaupt bekannt, etwa jene unter den Säugetieren: davon rottete der Mensch im 17. Jahrhundert 7, im 18. Jahrhundert 11, im 19. Jahrhundert 27 und im 20. Jahrhundert bisher 67 Formen aus.

Von einigen, im Freiland ausgerotteten Arten wie Milu, Wisent, Przewalskipferd oder Arabische Oryx verblieben glücklicherweise in zoologischen Gärten kleine Bestände. Sie konnten in gezielter Erhaltungszucht vermehrt und schliesslich in ihrer ursprünglichen Heimat wieder angesiedelt werden. Neben seiner Bedeutung als Erholungsraum und Stätte für Bildung und Forschung wird der Zoo immer mehr auch zum Garanten für das Überleben gefährdeter Tierarten: Naturschutz ist für den modernen Zoo eine wichtige Aufgabe geworden. Natürlich sind für eine generationenlange Erhaltungszucht mehr als nur ein Männchen und ein Weibchen wie in Noahs Arche nötig: Die Gründerpopulation sollte, um die genetische Variabilität einer Art in vernünftigem Masse zu sichern, mindestens 15 Tiere umfassen. Die Daten von 141 480 Tieren aus 400 Zoos sind im zentralen Computer des International Species Information Systems (ISIS) gespeichert. Für über hundert Tierarten – von der Puerto Rico-Kröte bis zum Gorilla – werden Internationale Zuchtbücher geführt, und in verschiedenen Regionen wird die Erhaltungszucht vieler Tierarten eng koordiniert. Das Europäische Erhaltungszucht-Programm (EEP) zum Beispiel umfasst über 60 Arten – und jährlich kommen mehr dazu. Allerdings können Zoos auch mit modernster Technik aus Platz- und Kostengründen nur einen Teil der bedrohten Tierarten retten. Vordringlichste Aufgabe neben der Zucht bedrohter Arten im Zoo ist daher fraglos die Erhaltung gefährdeter Lebensräume mit allen darin lebenden Tierarten.

MEINUNGEN

PETER UHR, WWF ZÜRICH

UMWELTERZIEHUNG

Wenn sich ein Kind über einen vorbeiflatternden Schmetterling freut, sollen wir es dann aufklären, dass es um 1900 noch hundertmal mehr Arten gab als heute. Wenn ihr Kind Mitleid mit dem überfahrenen Frosch auf der Strasse zeigt, wollen Sie ihm dann sagen, dass mit ihm über achtzig Prozent der Amphibien und Reptilien der Schweiz vom Aussterben bedroht sind. Nein, das Kind unvorbereitet mit der wenig hoffnungsfrohen Wirklichkeit zu konfrontieren, ist kein Weg, der stillen aber stetigen Verarmung der Tier- und Pflanzenwelt ein Ende zu setzen. Ausserdem: Was soll das Kind mit dieser Information anfangen? «Wenn es so schlimm ist, dass es den Laubfrosch in zehn Jahren vielleicht gar nicht mehr gibt», wird es sich sagen, «dann werden das die Erwachsenen bestimmt nicht zulassen und alles unternehmen, um die Heimat dieses herzigen Hüpfers zu erhalten.» Ob es mit seiner Vermutung richtig liegt? Was tun wir wirklich angesichts des rapiden Anwachsens der «Roten Liste» (der bedrohten Tier- und Pflanzenarten der Schweiz)? Betreffen uns die Hilferufe der Biologen, Tierschützer, Fischer und Vogelschutzvereine? Müssten nicht die Behörden, die Grossverschmutzer, die Landschaftsplaner endlich handeln? Und wir selbst: Können wir gar nichts beitragen? Können wir die Verantwortung einfach so delegieren?

Vor genau diesen Fragen steht die Umwelterziehung. Sie versucht als erstes eine Beziehung zwischen dem Lebewesen Mensch und dem ihm umgebenden tierischen und pflanzlichen Leben aufzubauen: Wir leben von der Natur (auch seelisch) und sind biologisch hundertprozentig ein Teil von ihr. Wenn einmal erreicht ist, dass ein Kind oder ein(e) Erwachsene(r) die sogenannte Umwelt als faszinierende und lebensspendende Mitwelt erfährt und wahrnimmt, entstehen automatisch die Einsicht und der Wunsch, unsere Lebensgrundlagen in ihrer Vielgestaltigkeit und Vernetztheit für uns und die Nachwelt zu erhalten.

Die WWF-Umwelterziehung unterstützt diese Prozesse mit Weiterbildungs- und Beratungsangeboten, Lehrmitteln und verschiedenen Erziehungsprojekten.

Weitere Informationen beim WWF-Lehrerservice, Postfach, 8037 Zürich, Telefon 01/271 47 27, oder beim Schweizerischen Zentrum für Umwelterziehung des WWF, Rebbergstrasse, 4800 Zofingen, Telefon 062/51 58 55.

130 WWF-Quizmobil. (Foto: WWF)

131 Grüner Wasserfrosch. (Foto: WWF)

MEINUNGEN

DR. REGINE SCHINDLER, BERN, THEOLOGIN UND KINDERBUCHAUTORIN

UND FRAU NOAH?

Warum kennt man den Namen von Noahs Frau nicht? Ob sie sich freute, mit so vielen Tieren, mit Kindern und schreienden Enkeln in einem Schiffskasten (von immerhin 150 Meter Länge) eingesperrt zu werden? Vielleicht musste sie für Ordnung sorgen, Nahrung organisieren, einteilen, Streit schlichten? Im übrigen ging es ihr wie anderen Frauen des Alten Testaments: Berufen war nur der Mann – die Frau aber zog mit. Sarah musste mit Abraham die Heimat verlassen, auf dem Weg ins (höchst ungewisse) gelobte Land; ebenso zog Rahel mit Jakob in die Fremde; dass sie ein heimatlich-heidnisches Göttlein mitnahm – zum Trost oder aus Schabernack? –, entdeckte keiner. Wenn Gott mit den Männern redete, waren die Frauen nur «mitgemeint».

Es ist aber nicht eine (gemässigte) feministische Haltung, die für mich die Noah-Geschichte so problematisch macht. Gerade im Hinblick auf Kinder habe ich ein anderes, grösseres Problem: Das Verderben so vieler Menschen und Tiere, damit ein einziger «Frommer» mit seiner Familie am Leben bleibt! In Kinderbüchern, aber auch in bekannten Bibelillustrationen – das geht von Merian über Doré bis zur allerneuesten prächtigen Patmos-Bibel – wird das Ertrinken von Menschen und Tieren geradezu sadistisch gezeigt. Die Darstellungen sollen den Betrachter nicht mit Mitleid erfüllen; sie erteilen eine moralische Lektion: Ja, so geht es dem Gottlosen! Noah jedenfalls streckt seine Hand nicht aus. Er ist fromm; er schaut senkrecht nach oben; er soll seine Rasse erhalten, auch die Rassen der Tiere. Um Individuen geht es weder ihm noch diesem strafenden Gott. Eine Art Holocaust.

Vielleicht ist es richtig, gerade als Frau diesen Standpunkt zu vertreten: Partei zu nehmen für die Namenlosen und die Schwachen, die namenlose Frau Noah, die «mitgemeinten» Frauen, die zahllosen Ertrunkenen, aber auch die winzigen Tiere, die in keiner Spielzeug-Arche nachgebaut werden. Ich möchte nicht die Bibel korrigieren, aber die Akzente anders setzen – und ich meine, dies könnte letztlich im Sinn des Bundes sein, den Gott am Schluss der Geschichte mit Noah schliesst und der in einem sehr zarten Regenbogen seinen Ausdruck findet: Hier hört alle Schwarz-weiss-Malerei, alle Selbstgerechtigkeit auf. Die Aufmerksamkeit für das Kleine und Kleinste am Mitmenschen *und* in der Natur erwacht. Eine schillernde Vogelfeder, aber auch ein abgeschabtes Figürchen aus Grossmutters Spielzeug-Arche schlägt den Bogen. Die Höhe der Wellen, die Länge der Arche werden bedeutungslos.

132 Der Regenbogen, das Zeichen für den Bund Gottes mit den Menschen. Kinderbilderbuch-Illustration aus: The Ark of Father Noah and Mother Noah. As seen by Maud and Miska Petersham, Doubleday, Doran & Company Inc. Garden City, New York 1930.

133–138 Archentiere aus Holz, aus dem Reifen gedreht, beschnitzt und bemalt, Erzgebirge um 1870. Die Giraffe ist 13 cm hoch. Diese Tiere gehören zu der Arche, die auf der Titelseite abgebildet ist.

133

134

135

136

137

138

LITERATURVERZEICHNIS

Religion und Kunst

Balsiger / Sellier: Die Arche Noah, Schicksal der Menschheit am Ararat, Econ Verlag, Wien, Düsseldorf 1979

Bernard, Bruce: The Bible and its Painters, Orbis Publishing Limited, London

Der Sachsenspiegel, Bilder aus der Heidelberger Handschrift, Insel Verlag, Leipzig o.J.

Die Merian Bibel, Panorama Verlag, Wiesbaden 1983

«du», Kulturelle Monatsschrift, Conzett und Huber, Zürich Dezember 1963

Eichenberger / Wendland: Deutsche Bibeln vor Luther, Wittig Verlag, Hamburg 1977

Flögel, Friedrich Karl: Geschichte des Grotesk-Komischen, Werl Verlag, Leipzig 1862, Harenberg, Dortmund 1978

Fraenger, Wilhelm: Hieronymus Bosch, Gütersloh 1978, S. 269

Grivot, Denis: Die Bildhauerarbeit des XII. Jahrhunderts, Am Münster von Autun, Editions S.A.E.P., Colmar-Ingersheim 1990

Halbey / Schutt / Stümpel / Wild: Schrift, Druck, Buch, Im Gutenbergmuseum, Verlag Philipp von Zabern, Mainz 1985

Keller, Werner: Und die Bibel hat doch recht, Econ Verlag, Düsseldorf 1955

Kircher, Athanasius: Arca Noe, In tres libros digesta, Amsterdam 1675

Lessing, Erich: Die Arche Noah, Molden Verlag, Zürich 1968

Navarra, Fernand: Ich fand Noahs Arche, Verlag Fix, Schorndorf 1978

Pischel, Gina: Grosse Kunstgeschichte der Welt, Südwest-Verlag, München 1980

Röhrig, Floridus: Der Verduner Altar, Herold Verlag, Wien 1955

Saxtorph, Niels: Jeg ser paa Kalkmalerier, Politikens Forlag, København 1967

Scheuchzer, Johann Jakob: Physica sacra oder Naturwissenschaft der Heiligen Schrift, Augsburg, Ulm 1731 / 1735

Schmidt, Ph.: Die Illustration der Lutherbibel, Reinhardt Verlag, Basel 1977

Welttheater, Westermann Verlag, Braunschweig 1962

Wyss, Alfred: Rhäzüns, Schweizerische Kunstführer, Serie 23, Nr. 227

Volkskunst und Spielzeug

Bachmann, Manfred: Holzspielzeug aus dem Erzgebirge, VEB Verlag der Kunst, Dresden 1984

Burckhardt, Monica: L'Arche de Noé, Musée des Arts Decoratifs, Paris 1986

Bestelmeier, Georg Hieronimus: Magazin von verschiedenen Kunst- und anderen nützlichen Sachen…, Bestelmeier, Nürnberg 1803. Nachdruck: Edition Olms AG, Zürich 1979

Boschkov, Atanas: Die Bulgarische Volkskunst, Recklinghausen 1972

Bunte Bilder am Bienenhaus, Malereien aus Slowenien. Ausstellungskatalog, Bayrisches Nationalmuseum, München 1991

Centsprenten, Nederlandse Volks- en kinderprenten. Ausstellungskatalog, Rijksmuseum, Amsterdam 1976

Creux, René: Schilder vor dem Himmel, Editions de Fontainemore, 1962

Die weite Welt im Klassenzimmer, Schulwandbilder zwischen 1880 und 1980. Ausstellungskatalog. Lüpkes, Vera: Das Schulwandbild im Religionsunterricht von 1870 bis 1930. Rheinisches Museumsamt, Köln 1984

Fritzsch / Bachmann: Deutsches Spielzeug, Leipzig 1965

Fritzsch, Karl-Ewald: Die Arche, Sächsische Heimatblätter, Dresden 1976

Hölscher, Eberhard: Firmenschilder, Bruckmann KG, München 1965

Karikaturen, Ausstellungskatalog, Kunsthaus Zürich, Benteli Verlag, Bern 1972

Karikaturen der Welt. Ausstellungskatalog, Cartoon 80. 3. Weltausstellung der Karikatur Berlin, Prisma Verlag GmbH, Gütersloh 1980

Kaysel, Roger: Anschauungsbilder, Volkskunst, Callwey Verlag, München Februar 1987

Kaysel, Roger: Noah und seine Arche, Volkskunst, Callwey Verlag, München Februar 1985

Koch, Alexander: Deutsche Kunst und Dekoration, Band XXVII, Darmstadt 1911

McGregor, Annie: Noah and the Ark. Beitrag in: Early American Life, Harrisburg, PA, 1989

Peters, Harry T.: Currier & Ives, Printmakers to the American People, Doubleday, Doran & Co., Inc. New York 1942

Röhrich, Lutz: Volkskunde, Fakten und Analysen. Noah und die Arche in der Volkskunst. Im Selbstverlag des Vereins für Volkskunde, Wien 1972

Stille, Eva und Severin: Spielzeug-Tiere, Verlag Carl, Nürnberg 1989

Mensch und Tier

Angell G.C.: Schützet die Tiere! Ebner & Cie., Chur 1911

Beer, Rüdiger Robert: Einhorn, Fabelwelt und Wirklichkeit, Callwey Verlag, München 1972

Der Physiologus, Tiere und ihre Symbolik, Artemis Verlags-AG, Zürich 1960

Die Lebenstreppe. Bilder der menschlichen Lebensalter. Ausstellungskatalog. Wanders, Hubert: Das springende Böckchen – Zum Tierbild in den dekadischen Lebensdarstellungen, Rheinisches Museumsamt, Köln 1983

Erlande-Brandenburg, Alain: Die Dame mit dem Einhorn, Editions de la Réunion des musées nationaux, Paris 1989

Fabula docet. Illustrierte Fabelbücher aus sechs Jahrhunderten. Ausstellungskatalog, Herzog August Bibliothek Wolfenbüttel 1983

Festschrift: 130 Jahre Schweizer Tierschutz. Schweizer Tierschutz STS, Basel 1991

Hansmann / Kriss-Rettenbeck: Amulett und Talisman, Callwey Verlag, München 1977

Lorenz / Mündl: Noah würde Segel setzen. Vor uns die Sintflut, Seewald Verlag, Stuttgart und Herford 1984

Luz, Christiane: Das exotische Tier in der europäischen Kunst. Ausstellungskatalog. Edition Cantz, Institut für Auslandsbeziehungen, Stuttgart 1987

Makowski, Henry: Neuer Kurs für Noahs Arche, Kindler Verlag, München 1985

Mislin, Hans: Der Mensch mit den Tieren, Ex Libris Verlag AG, Zürich 1965

Molde, Heinz: Fabeltiere und Dämonen. Die phantastische Welt der Mischwesen, Edition Leipzig 1983

Möller / Jörgensen: Bibelens Dyreliv, De Unges Forlag, Köbenhaven 1952

Radau, Sigmar; Tiertarock, Verlag MGM Münzgalerie München 1989

Raff, Georg Christian: Naturgeschichte für Kinder, Reutlingen 1816

Speich, Martin: Tierschutz heute – Das Dilemma, Kümmerly und Frey, Bern 1983

Ungerer, Tomi: Amnesty Animal, Bekenntnis zum Tierschutz. Schweizer Tierschutz STS, Basel 1990

Wendt, Herbert: Die Entdeckung der Tiere, Christian Verlag, München 1980

400 Jahre Zoo: Ausstellungskatalog, Rheinisches Landesmuseum Bonn 1976